여보게 지금 음식장사 하려나

안요한 지음

미래와경영

초보 사장에게 전해주는 진솔한 음식점 창업과 경영 비밀노트
여보게 지금 음식장사 하려나

제1판 1쇄 인쇄　2014년 4월 25일
제1판 1쇄 발행　2014년 5월 10일

| 지은이 | 안요한 | 발행인 | 조헌성 | 발행처 | (주)미래와경영 |

ISBN　978-89-6287-145-6　13320　　　정　가　15,000원
출판등록　2000년 03월 24일 제25100-2006-000040호
주　소　(152-724) 서울특별시 구로구 디지털로26길 61 에이스하이엔드타워 2차 803호
전화번호　02) 837-1107　　　　　　　팩스번호　02) 837-1108
홈페이지　www.fmbook.com　　　　　이 메 일　fm@fmbook.com

※ 이 책에 실린 모든 내용, 디자인, 이미지, 편집 구성의 저작권은 지은이와 (주)미래와경영에 있습니다.
※ 이 책은 대한민국 저작권법에 따라 보호되는 저작물이므로 무단 전재와 복제, 전송, 판매를 하실 수가 없습니다.
※ 책 내용의 일부 또는 전부를 이용하려면 반드시 저작권자와 (주)미래와경영의 서면 동의를 받아야 합니다.
Copyrights ⓒ 2014 by Miraewagyungyoung Co. Ltd.
(152-724) 803ho Ace High-end tower2, 61, Digital-ro 26-gil, Guro-gu, Seoul, Korea.
All rights reserved. The First Published by Miraewagyungyoung Co. Ltd. in 2014. Printed in Seoul, Korea.

이 도서의 국립중앙도서관 출판시도서목록(CIP)은 서지정보유통지원시스템 홈페이지(http://seoji.nl.go.kr)와 국가자료공동목록
시스템(http://www.nl.go.kr/kolisnet)에서 이용하실 수 있습니다. [CIP제어번호: CIP2014013013]
※ 이 책은 '여보게 후배 지금 음식장사 하려나' (2010) 전면 개정판 도서입니다.

Prologue

가을비 치고는 많이 오는 비
창 밖을 내다 봅니다.
길지 않은 삶을 살아 오면서
모르는 것이 인생이라드니
내가 책을, 그것도 식당 관련 책을 쓰리라고는
상상인들 해봤겠습니까?
식당을 하기로 작정하고는 너무 몰라서 공부하려고 책방에 갔었지요.
대형서점 서너 군데를 다녔는데 참으로 음식점 창업에 관한 책 많더군요.
그러나 대부분 책들의 내용이 "식당하면 돈번다" 라는 얘기와 책에 있음직한 얘기들이었어요. "손님은 왕이다!" 라는 식이지요.
나 같은 초짜를 위한 살아있는 정보와 내용이 있는 책은 찾지 못했어요.
그래서 그때부터 급한 마음으로 직접 발로 뛰면서 조사하고 잊어버리지 않기 위해 메모하고 했지요.
기록하는 습관은 식당을 개업하고, 영업하면서도 계속 됐지요.
어느 날 보니 메모한 것들이 상당히 많았고 이것을 지금 음식점을 시작하려는 분들에게 보여주면 도움이 될 것 같더라구요.
책을 쓰면 마음이 거창해 지는지, 아직도 체계적이지 못한 우리 나라 식당들의 발전에 조금이라도 이 책이 이바지 했으면 하는 건방진 생각도 들고, 초보 사장들에게는 실질적인 도움이 됐으면 싶더라구요.
음식 솜씨 좋던 돌아가신 어머님이 이 책을 감수해 주셨다면 더 좋은 내용이 됐을거라는 생각해 보며….
초보 글쟁이의 글을 선뜻 출판해 주신 (주)미래와경영의 조헌성 사장님과 엉망인 내용들을 다듬어 준 편집진과 원고 강평을 해주신 황재연 사장님. 그 외 여러분들께 감사의 마음을 전합니다.

안 요한

CONTENTS

PART 01 준비와 계획

- 01 철저한 준비가 대박 장사의 지름길이다 _ 12
- 02 이런 사람들은 장사 시작하지도 마라 _ 14
  부지런하지 않은 사람 | 단기간에 돈을 벌 거라고 생각하는 사람 | 음식의 맛을 완전히 남에게 의존해야 하는 사람
- 03 음식점 종류를 알아보자 _ 18
  음식별 | 가게 성격별 | 가게 규모별
- 04 투자액은 어떻게 결정할까? _ 21
  투자액을 정하는 방법 | 투자금액 산출에 정확을 기하라
- 05 투자금액 결정 시 이런 것 주의하세요 _ 27
- 06 정체성은 지켜야 한다 _ 29
- 07 메뉴를 어떻게 정할까 _ 31
  메뉴는 자기가 좋아하는 메뉴로 | 메뉴 정하는 방법
- 08 메뉴에 따른 준비는 어떻게 할까 _ 33
  주방장 채용 시 대표적인 문제점
- 09 조리사 면허를 따보자 _ 36
  응시자격
- 10 조리사 시험내용은 뭘까 _ 37
  제 1차 이론시험 | 제 2차 실기시험
- 11 조리사 면허시험 어떻게 대비할까 _ 39
  필시험 | 실기시험
- 12 면허증 신청 및 교부하기 _ 42

13 장사가 잘 되는 가게 위치 선택하기 _ 44

14 가게 위치를 정하기 전에 꼭 해야 할 일 _ 46
영업시간을 정해라 | 집과 가게와의 거리, 교통편도 생각하자 | 모여있는 곳이냐? 따로 갈거냐? | 주말 장사가 가능한지?

15 주차장에 대해 신경쓰지 말자 _ 49

16 가게 면적과 층수는 어떻게 할까? _ 50

17 내게 맞는 가게를 어떻게 제대로 구할까 _ 52
부동산 소개업소 | 정보지와 인터넷

18 가게를 계약할 때 꼭 체크해야 할 것들 _ 56

19 권리금 어떻게 할까 _ 60

20 계약서 작성과 계약금, 중도금 지급 _ 62

21 계약서 작성, 잔금, 중개수수료 지급 _ 64

22 보증금, 권리금, 월세 너무 많으면 문제다 _ 65

23 가게 상호 어떻게 지을까 _ 69

24 인테리어 공사 어떻게 할까 _ 70
인테리어 공사의 내용들 | 공사를 진행하는 방법들

25 인테리어 공사비 산정과 실제 추진하는 방법 _ 75
일괄 도급계약을 하는 방법 | 직영처리 | 대부분의 건축일은 한 업체에게 맡기고 일부 직접 발주하는 방식

26 간판공사는 어떻게 할까 _ 78
간판의 위치별 종류 | 재료별 종류

27 영업신고증·사업자등록증·위생교육 _ 82
영업신고증 | 사업자등록증 | 위생교육

28 개업준비 ❶_ 주방 기구 및 그릇준비 _ 87

29 개업준비 ❷_ 식자재 리스트 정하기 _ 91

30 개업준비 ❸_ 초도 물품 정하기 _ 96

31 개업준비 ❹_ 개업 홍보 _ 98

친지 | 근처에서 근무하는 사람들 | 불특정 다수 | 가게 자체에서 하는 개업홍보 방법 | 외부에서 하는 개업 광고

32 개업준비 ❺_ 종업원 구하기 _ 02

33 개업준비 ❻_ 직원 구하는 방법 _ 104

전문적인 인력 소개업소 이용 | 생활정보지 이용 | 인터넷 등에 올리는 방법 | 공공기관 이용 | 교육기관, 요리학원에 신청 | 소개

34 개업준비 ❼_ 채용 시 주의할 점 _ 106

35 개업준비 ❽_ 종업원의 복장 _ 108

옷을 입히는 이유 | 종업원 복장의 구분

36 개업준비 ❾_ 직원 근무교육 _ 111

37 개업준비 ❿_ 테이블 번호 정하기 _ 117

38 개업준비 ⓫_ 실전연습, 품평회 _ 118

PART 02 영업

01 개업하는 날은 어떨까? _ 120

02 자금관리는 어떻게 할까 _ 122

자금관리의 필요성 | 지출관리 | 지출 내역서 작성시기 및 방법

03 일보와 빌지를 어떻게 작성할까 _ 126

04 인쇄물을 어떻게 준비할까 _ 129

05 최고의 화두_ 고정비를 줄여라 _ 131

굳은 고정비(HARD) | 연한 고정비(SOFT)

06 돈 계산과 돈통 관리가 중요하다 _ 138

돈 받는 일 | 계산 | 돈 관리

07   신용카드와 현금영수증 가맹점에 가입한다 _ 141
08   신용카드와 현금영수증 가맹점 가입방법 _ 142
     사업용계좌 만들기 | 카드단말기 렌탈계약 | 결제 방식 | 통장 입금
09   영업 준비를 표준화하라 _ 146
     표준화란? | 주 ACTIVITY/부 ACTIVITY | 영업준비
10   영업 끝내고 청소는 어떻게 하나 _ 153
11   손님을 어떻게 응대하는가 _ 154
12   잔소리하는 손님 어떻게 할까 _ 156
13   버릴 손님과 챙길 손님이 있다 _ 157
     버릴 손님도 있다 | 챙길 손님은 더 많다
14   가장 고마운 사람, 단골이란? _ 159
15   단골 확보가 장사의 열쇠다 _ 160
     단골이 단골을 만든다 | 단골의 비율을 높여라 | 맛이 우선이다
16   친지는 단골이 아니다 _ 162
     단골이 단골을 만든다 | 단골의 비율을 생각하라
17   식당 최대의 목표_ 손님이 배불러야 한다 _ 163
18   여자들이 더 먹는다? _ 165
19   언제나 똑같은 맛을 유지해야 한다 _ 166
20   김치의 맛은 숙성이 좌우한다 _ 169
21   빈자리가 없어서 손님을 못 받는다? _ 171
22   식사는 금방 나와야 한다 _ 173
23   식사 후 후식을 제공한다? _ 175
24   먹고 난 자리는 금방 치우지 마라 _ 177
25   식사한 자리를 보면 그 사람을 알 수 있다 _ 178
26   주인이 식당의 얼굴이다 _ 179
27   장사가 잘될 때 긴장하라 _ 180

28　기획 영업을 찾아라 _ 181
　　모임을 유치하라 | 식권을 발급하라 | 특별 이벤트를 하라 | 언론, 인터넷에 홍보

29　이런 손님도 있다 _ 185

PART 03 관리

01　식당으로 얼마만큼 수입이? _ 190
　　손익분기점 | 진정한 손익분기점 | 남는 장사 | 성숙한 사업

02　돈 잘 벌려면 세금관리 잘해야 한다 _ 193
　　세금의 기본 메커니즘 | 세무증빙 자료정리 | 부가가치세 | 종합소득세

03　간편장부는 이렇게 작성한다 _ 203

04　장부 작성과 기준경비율・단순경비율 _ 202
　　기준경비율 | 단순경비율

05　간이과세자, 일반과세자 어떻게 다른가 _ 213

06　증빙관리를 잘해야 세금을 줄인다 _ 215

07　세금계산서와 현금영수증을 발행한다 _ 217

08　사업용계좌로 금전을 주고 받아라 _ 221

09　채용 시 근로계약은 어떻게 하는가 _ 223

10　4대 사회보험 가입과 신고를 한다 _ 225

11　종업원 월급 얼마나 줄까 _ 226

12　종업원 어떻게 관리할까 _ 228

13　종업원 대신 아르바이트를 써라 _ 230

14　아르바이트 근무자세를 일러줘라 _ 233

15 홀 서빙은 어떻게 하는가 _ 235

16 식중독과 전염병에 주의하자 _ 238

17 위생관리 어떻게 하는가 _ 240
식자재 | 유통기간 | 생명력 | 고기와 생선 보관법 | 환경 위생 | 종업원 위생 | 수저 소독 | 먹는 물

18 식품 위생, 법에 대해 생각하자 _ 249

19 식품 유통기간을 알자 _ 252
유통기간이란? | 냉장고 | 유통기간의 의미 | 온도별 세균번식 추이

20 주방 기계화에 신경을 써라 _ 256

21 신선한 식재료 어떻게 구입할까 _ 258
주류 대리점 선정하기 | 주재료 구입

22 화장실 관리 깨끗이 하라 _ 261
구조적 관리 | 비품관리 | 청소

23 안전사고에 대비하라 _ 264
손님의 안전사고 | 종업원의 안전사고

24 소화기를 비치하라 _ 267

25 식당에서 미성년자는? _ 269

26 음식물 쓰레기와 분리수거 _ 270
음식물 쓰레기 발생량을 줄여야 | 환경보호 | 음식물 쓰레기 그리고 분리수거 | 일반 쓰레기 | 쓰레기별 배출방법

27 사장의 건강관리 _ 273
식당 내에서의 휴식 | 운동과 노동

28 장사가 안 될때 _ 275
장사가 안 된다는 판단은? | 큰 미련이 남는 경우 | 식당을 처분하는 경우 | 다른 요인들

PART 01

준비와 계획

철저한 준비가 대박 장사의 지름길이다•이런 사람들은 장사 시작하지도 마라•음식점 종류를 알아보자•투자액은 어떻게 결정할까?•투자금액 결정 시 이런 것 주의하세요•정체성은 지켜야 한다•메뉴를 어떻게 정할까•메뉴에 따른 준비는 어떻게 할까•조리사 면허를 따보자•조리사 시험내용은 뭘까•조리사 면허시험 어떻게 대비할까•면허증 신청 및 교부하기•장사가 잘 되는 가게 위치 선택하기•가게 위치를 정하기 전에 꼭 해야 할 일•주차장에 대해 신경쓰지 말자•가게 면적과 층수는 어떻게 할까?•내게 맞는 가게를 어떻게 제대로 구할까•가게를 계약할 때 꼭 체크해야 할 것들•권리금 어떻게 할까•계약서 작성과 계약금, 중도금 지급•계약서 작성, 잔금, 중개수수료 지급•보증금, 권리금, 월세 너무 많으면 문제다•가게 상호 어떻게 지을까•인테리어 공사 어떻게 할까•인테리어 공사비 산정과 실제 추진하는 방법•간판공사는 어떻게 할까•영업신고증, 사업자등록증, 위생교육•주방 기구 및 그릇준비•식자재 리스트 정하기•초도 물품 정하기•개업 홍보•종업원 구하기•직원 구하는 방법•채용 시 주의할 점•종업원의 복장•직원 근무교육•테이블 넘버 정하기•실전연습, 품평회

철저한 준비가
대박 장사의 지름길이다

　　　　　세상에 태어나면서부터 음식점 경영으로 자신의 인생을 살 거라고 생각하신 분들은 아마도 많지 않을 것입니다. 인생을 살아가면서 내가 음식 장사하면 어떻게든 성공할 수 있을 것이라는 생각으로 한 번 도전하거나 우연히 이 길로 들어서게 된 경우가 대부분입니다. 이처럼 자신이 살아온 분야와 전혀 다르게 음식 장사를 시작하다 보니 참 사연도 많고 실패와 성공도 비일비재하게 일어납니다. 지금 전국의 유명 음식점을 한번 살펴 보세요. TV나 신문, 인터넷을 통해 입에서 입으로 알려진 맛난 음식점은 어제 오늘 생겨나 장사가 아주 잘 되는 것도 아니며, 또 프랜차이즈 가맹점까지 열면서 대규모 사업 형태로 성공한 경우는 흔하지 않습니다.

　저 역시도 일품 요리나 맛난 음식점에 대한 일가견은 있었지만 음식점 운영과는 거리가 먼 다른 분야에서 일 하다 어떻게 이 길을 걷게 되었습니다. 막상 음식점을 개업하기로 결정하였지만 이 분야에 대해선 막연한 생각만 가지고 있었습니다. 책을 통해 정보를 얻으려고 찾아보니 음식 장사 성공담이나 식당 창업하면 돈 번다는 이야기만 가득차 있었죠. 완전 초짜였던 저에게는 음식점 창업 준비나 개업 이후 몇년 동안 벌어지는 여러 가지 상황에서 좌충우돌의 연속이었습니다. 그래서 어떻게 하여야 하는지에 대해 나름대로 고민하며, 연구·조사하고 때로는 몸으로 부딪히며 하나씩 하나씩 알아가며 깨우쳤습니다.

이 책은 이러한 과정에서 배우게 된 식당 운영 경험과 지식을 긴 시간 동안 한 장 한 장 메모한 것을 토대로 실무 중심으로 집필되었습니다. 자신의 생각과 다르다고 생각될 지 모르지만 막연한 마음으로 음식 장사를 시작하려는 분들과 아무런 경험 없이 식당업을 하려는 분들을 위해 조금은 덜 헤매고, 덜 고달프게 해드리고자 쓰게 되었습니다.

창업을 하려는 목적이 자신의 사업을 해보려는 의도에서 출발하여 보다 안정적인 수입을 얻고 그에 따른 보람과 만족을 얻기 위해서라면 창업에 앞서 철저한 준비와 계획이 필요한 것은 당연한 일입니다. 만약 음식 장사에 대해 철저한 준비나 사업성에 대한 냉정한 평가가 아닌 자기 중심적인 막연한 생각만 가지고 창업하면 실패할 가능성이 매우 높습니다. '유비무환(有備無患)'이란 말이 있듯이 철저한 준비, 그리고 자신이 하고자 하는 분야에 대한 지식 습득이 성공을 앞당기는 지름길이라 생각합니다.

이 책의 구성은 음식점 창업 계획에서 준비과정과 개업, 그리고 영업과 매장관리하는 전 과정에 따라 순서대로 쓰여졌습니다. 편리하게 찾아 볼 수 있도록 구성되었기 때문에 개업 중에 궁금한 사항은 이 책을 통해서 유용한 정보를 얻을 수 있을 것입니다.

이런 사람들은
장사 시작하지도 마라

theme 02

　　　　　어떤 일이든 새로 시작하고 이를 끌어 간다는 것은 상당히 힘든 일입니다. 나중에 잘 못되어 도중에 그만 두게 된다면 그 후유증도 만만치 않아요. 인생을 그냥 연습 삼아 살기에는 너무 짧기에 내 적성에 맞아야 합니다.

　음식점을 시작하는 사람 중에 일년 내에 문 닫는 사람이 절반은 넘습니다. 굳이 통계자료를 인용하지 않아도 심지어 서너 달 만에 포기하는 사람들도 있어요. 주변을 조금만 관심있게 살펴보는 사람이라면 식당의 간판이 새로 바뀌는 것을 자주 볼 수 있습니다.

　그러니 간곡히 말씀드리지만 다음과 같은 분들은 음식 장사를 아예 하지 말거나 일찍 포기하고 딴 일을 찾아보는 것이 가정과 자신의 정신 건강에 좋습니다. 이 책을 더 읽을 이유나 필요도 없어요.

부지런하지 않은 사람

　집에서 어쩌다 손님이라도 부르면 음식 준비부터 뒷정리까지 골치 아픈 것은 물론이고 몸도 무척 힘들었던 경험이 있을 것입니다. 음식 장사란 손님 치르는 일이 매일같이 반복되는 일이지요. 대부분의 일이 또 세세한 일들이 주인의 손을 가만히 기다리고 있기 때문입니다. 물론 이 모두 자기 손으로 해야하는 일이지요.

"뭐, 사람을 쓰면 되지!"하는 생각도 들겠지만, 그건 고정비용의 상승으로 이어지고 그보다 아무리 일을 잘하는 사람을 써도 주인의 몫은 따로 있기 때문입니다. 조그만 음식점이라도 관리가 얼마만큼 힘드는지는 단적으로 외국의 유명 프랜차이즈업체의 경우 그 운영 매뉴얼이 백과사전 정도의 양이라는 걸 보면 대충 이해할 수 있을 것입니다.

단기간에 돈을 벌 거라고 생각하는 사람

흔히들 말하길 음식 장사가 다른 사업보다 승부가 빠르다고 하지요?

그러나 정말 그럴까요?

보통 음식점에서 가장 흔한 테이블 10개 정도를 기준으로 간단히 계산해 보면

계산기를 두드려 보자

- 10개 테이블 × 4명 = 40명
- 점심, 저녁 3회전 한다고 보면, 40명 × 3회 = 120명
- 제일 흔한 6,000원 정도의 메뉴라면, 120명 × 6,000원 = 720,000원
- 한달 30일을 기준으로 하면, 720,000원 × 30일 = 21,600,000원
- 대충 음식 장사는 절반은 남는 다니까, 21,600,000원 × 50% = 10,800,000원

이렇게 계산되니 독자 여러분은 "내가 음식 장사로 한 달에 1,080만 원의 수입은 되겠구나." 하고 생각한다면 천부당만부당한 말씀입니다. 만만의 콩떡이지요.

여기에는 여러 가지 함정이 숨어 있어요.

첫째, 음식점을 열어 다행히 인기가 있어서 손님이 꽉 찬다고 해도 테이블 당 평균 손님은 2.5인 정도밖에 되지 않습니다.

둘째, 일주일 내내 손님이 많은 곳은 인기지역 유흥가 외에는 아주 드물지요. 주중에 비해서 주말이나 휴일은 30% 정도밖에 안 되니까 아예 따지지도 말아야 되는 겁니다.

이렇게 해서 다시 계산해보면

> **계산기를 두드려 보자**
>
> ○ 10개 테이블 × 2.5명 = 25명
> ○ 25명 × 3회전 = 75명
> ○ 75명 × 6,000원 = 450,000원
> ○ 450,000원 × 21일 = 9,450,000원

물론 메뉴에 따른 가격이나 위치, 지역이나 연령층에 따라 또 다른 여러 차이가 있겠지만 예시로 보여드린 계산식은 그래도 상당히 잘된다는 가정하에 잡은 것입니다. 여기서 임차료, 종업원 월급, 원재료, 관리비, 세금, 소모품비를 제하고 나면 얼마만큼 남는지는 대충 짐작이 갈 것입니다. 특히 유흥가가 아닌 주택가나 사무실 부근의 경우는 더욱 편차가 크고 영업 환경이 어렵다는 점을 기억하셔야 합니다.

음식의 맛을 완전히 남에게 의존해야 하는 사람

제가 아는 사람 한 명은 형님네 갈 때마다 형수가 끓여주는 추어탕이 너무 맛있어서 그 형수를 주방장으로 모시고 추어탕 집을 시작했어요. 이 사람이 어느 정도 열심히 했냐하면 다음의 두 가지 얘기만 들어도 금방 이해할 수 있을 것입니다.

6개월 동안 하루 세끼 모두를 자기 가게 추어탕만 먹었다는 거예요. 물론 추어탕의 맛을 보기 위해서지요. 그리고 나니까 얼굴이 뽀얘지더라군요. 독자 분들 중에 피부에 매우 관심 있는 분은 한번 해 보세요.

또 하나는 배추·무청 시래기를 한 번도 사지 않고 가락동 농수산물 시장에 가서 직접 주워왔다는 겁니다.

그러면 이 사람이 과연 어떻게 됐을까요?

어떻게 되긴 어떻게 되요? 당근 성공했지요. 장사가 잘 된 거예요.

그런데, 그런데가 항상 문제입니다.

주방장인 형수가 덜컥 병이 난 겁니다. 그래서 얼른 마누라를 주방장 대타로 내세웠지요.

물론 마누라가 오랫동안 형수와 함께 일했으니 알 것은 알았지요. 또 형수로부터 비법과 기타 다른 것도 지도를 받았고 그 나이에 부엌일도 해 볼만큼 해 본 노장 주부였지요.

하지만 기대와는 달리 결과는 실패했어요. 아무리 전문가로부터 재교육을 받아도 안되는 거예요. 그 맛이 안나기 때문입니다. 결국 지인은 추어탕집 문을 닫고 말았어요. 이처럼 음식 맛은 참 ~ 미묘한 겁니다.

음식점 종류를 알아보자

theme 03

음식점은 여러 가지 기준으로 나눌 수 있지만 여기서는 ① 음식별, ② 가게 성격별, ③ 규모별로 나누어 봅니다.

음식별

① 한식

김치찌개, 된장찌개, 동태찌개, 쌈밥, 덮밥, 비빔밥, 버섯찌개, 섞어찌개, 부대찌개, 생선찌개, 순두부, 돌솥밥, 보리밥 그 외에

구분	종류
조림	생선조림
구이	생선구이, 민물장어구이
탕	갈비탕, 만둣국, 해물탕, 감자탕, 해장국, 알탕
찜	갈비찜, 생선찜, 오리찜, 닭찜, 코다리찜, 해물찜

② 고기

삼겹살, 등심, 안심, 갈비, 떡갈비, 주물럭, 껍데기, 곱창, 소시지

③ 면류

　　냉면, 칼국수, 칡 냉면, 국수

④ 한정식

　　고급 한정식, 대중 한정식

⑤ 토속음식

　　개고기, 파전, 녹두전, 굴전, 산채정식

⑥ 우동·돈까스

　　수제비, 항아리 수제비, 우동, 돈까스

⑦ 스파게티·피자

⑧ 테이크아웃(TAKE-OUT)

　　도시락, 전문음식

⑨ 양식

　　일반, 샐러드 바, 카레, 오무라이스, 각종 스테이크

⑩ 일식

　　일반 일식, 샤브샤브, 참치, 복집, 스시, 꼬치, 라면, 노바다야끼

⑪ 중식

　　일반, 탕수육, 코스요리, 자장면 전문점

⑫ 퓨전

⑬ 패밀리 레스토랑

⑭ 패스트 푸드

⑮ 분식

　　라면(생라면), 국수, 떡볶이, 순대, 김밥, 오뎅, 만두

⑯ 치킨

프라이드, 백숙, 구이, 찜닭, 삼계탕
⑰ 실내 포장마차
⑱ 세계 음식
　　이태리, 프랑스, 미국, 영국, 터키, 태국, 인도, 스페인, 베트남 등
⑲ 별미
　　두부전문, 순두부, 북한요리, 철판요리, 죽집, 채식전문, 산소향기

가게 성격별

① 프랜차이즈 가맹점
② 개별 식당

가게 규모별

　가게 규모는 대개 면적으로 계산되는데, 면적은 임대면적과 전용면적으로 구분할 수 있습니다. 임대면적이란 공동으로 같이 사용하는 계단, 엘리베이터, 공동구, 주차장 등을 포함한 면적입니다. 전용면적이란 가게만을 위한 순수면적으로 만약 가게 내부에 화장실, 창고 등이 있으면 이것도 면적에 포함됩니다.

　따라서 전용면적 비율이 클수록 임차인에게는 좋으나, 역설적으로 건물시설이 좋을수록 부대시설이 많으므로 전용면적 비율은 낮아져, 경우에 따라서는 50% 밖에 전용면적이 안되는 경우도 흔히 생기는 겁니다. 이렇게 봤을 때 전용면적 66㎡~500㎡(20~50평)까지는 보통 규모의 식당이고, 그보다 작거나 크면 작은 식당, 큰 식당이라 할 수 있습니다.

투자액은 어떻게 결정할까?

theme 04

"가게를 하는데, 얼마만큼의 돈이 필요할까요?"
이 질문은 음식점을 하려고 계획하는 사람들에게 제일 중요한 일이지요.
사실 정답이 없어요. 천차만별이기 때문입니다.
그러나 투자액이 음식점의 종류, 규모 등에 많은 영향을 주므로 가장 신중하게 생각해야 할 부분입니다.

투자액을 정하는 방법

① 업종과 규모를 미리 정하고 그에 따른 소요자금을 조달하는 방법
② 자신이 조달 가능한 자금을 정해 그 금액 범위 내에서 업종을 정하는 방법

사람마다 보유 재산이나 동원 가능 자금이 차이가 나므로 위의 ①' 방식이 좋다거나, ②' 방식이 더 낫다고 얘기할 수는 없어요. 다만 여

기서는 어떤 방식이든 간에 공통적으로 유의해야 할 몇 가지를 생각해 보기로 하겠습니다.

투자 금액 산출에 정확을 기하라

흔히 소요자금 예측을 잘못해서 낭패를 보는 경우가 많은데, 그 이유는 처음의 예상보다 더 들어가거나 생각하지 못했던 지출이 발생하기 때문입니다. 정확이라는 것은 현실적으로 불가능하지만 가급적 근사치를 추정할 수 있어야 합니다.

다음은 투자 금액의 항목을 적어 본 것입니다.

(1) 건물에 대한 비용

① 보증금

건물 주인에게 내는 돈으로 비교적 안정성이 크지요.

② 권리·시설금

시설된 것이라든가 상권 형성에 따른 기득권 개념인데, 이는 현재 장사 중인 업소 주인에게 주는 것입니다. 논란이 많기 때문에 앞으로 국가에서 법적으로 어떻게 추진한다는 소식이 들리기는 합니다. 어쨌든 무형의 기득권에 대한 비용이 있고, 유형의 시설에 따른 비용은 부착되어 있는 물품(에어컨, 집기 등)과 기자재(식기 등)가 포함되지만 식료품이나 주류, 소모품은 여기서 제외됩니다. 따라서 동일 업종인 경우와 다른 업종으로 전환할 경우에 따라 투자금액이 달라지겠지요.

③ 인테리어 비용

요즘의 추세는 인테리어가 고급으로 가기 때문에 예전에 비해 상당한 금액이 소요됩니다. 인테리어에 관해서는 뒷부분에서 별도로 언급하겠습니다.

④ 전기·수도·가스·배수의 설비

대부분의 건물에 이런 것들이 기본적으로 완비되어 있을 것 같으나 실제로는 확장, 이설, 변경 등이 생깁니다. 가스의 경우도 홀 배치에 따라 원하는 위치로 옮겨야 하는 경우도 있고, 배수시설도 다시 해야하는 경우가 많아요.

⑤ 간판

관공서 규제도 까다롭고 생각보다 큰 금액이 들어가는 것이 간판입니다. 우리 식당의 얼굴이니까 상당히 중요하며 생각보다 많은 연구가 필요합니다. 이에 대해 나중에 별도로 언급할 것입니다.

⑥ 냉·온방 기기

신규인 경우는 물론이거니와 기존에 장사를 하는 경우도 꼭 점검이 필요하고 에어컨은 가스를 충전해 줘야 합니다. 물론 필터 청소는 기본이지요.

⑦ 기타 장식품, 화분, 커텐, 소품 등

⑧ 전기제품

가게의 성격에 따라 다르지만 TV, 오디오, 선풍기, 가습기 등도 필요에 따라 판단을 해야 하고 특히 냉장고는 중요합니다. 신용카드 단말기는 당근 필수이지요.

⑨ 기타 비용 등

부동산 중개업소 수수료, 기타 행정처리 제반 비용 등

(2) 주방용 기기

주방에서 사용하는 기기는 작업성·안전성·동선 등을 고려하여 준비해야 합니다. 꼭 최신 제품으로 구비해야 겠다는 생각은 갖지 마세요.

주방용 기기

- ☐ RANGE
- ☐ OVEN
- ☐ 전자 RANGE
- ☐ 전기 밥솥
- ☐ 칼 류
- ☐ 기구 류
- ☐ 그릇 등

(3) 홀용 기기

홀에서 사용하는 기기는 서빙하는 순서와 빈도에 따라 정해지며, 대략 다음과 같은 기기가 필요합니다.

HALL용 기기

- ☐ 냉·온수기
- ☐ 소독기
- ☐ 온장고
- ☐ 컵, 수저
- ☐ 받침대
- ☐ 물통
- ☐ 물수건

(4) 식자재

실제 음식을 만들기 위한 재료는 메뉴에 따라서 정해지며, 매일 사입할 것과 아닌 것으로 나누어 리스트를 만들고 노트 한 권을 사입장으로 만들어야 합니다. 그리고 처음 개업을 준비하면서 들여오는 초도 물품은 신중을 기해서 가급적 남거나 모자라지 않도록 해야 해요.

(5) 주류 및 음료

금방 상하는 물건이 아니지만 다만 주의할 점은 너무나 많은 종류. 즉 술로 구색을 갖추려고 하지 마세요. 실속 없는 돈이 나갑니다.

(6) 유니폼비

종업원에게 유니폼을 입히는 이유는 깨끗한 이미지를 손님에게 주기 위해서지만 그에 못지 않은 이유는 종업원들이 자신의 복장에 신경을 덜 쓰기 위해서죠.

(7) 개업비

요즘은 해장국집이나 분식점도 개업 때 홍보 도우미를 동원하여 업소 알리기에 난리를 치는데… . 그리고 주변 업소에 떡 정도는 돌리는 것이 필요하지요.

(8) 광고·홍보비

명함이나 전단지, 홈페이지 제작 또 요즘 인터넷 홍보도 한다니 필요하겠지만 별도로 인건비가 더 들어 갈 수 있어요.

(9) 운영자금

식당을 시작하고서 장사로 내 손에 잡히는 돈으로만 모든 지출을 해결해 나갈 생각을 하면 너무 피곤해요. 적어도 3개월 정도 고정비로 지출할 자금은 여유분으로 갖고 시작하는 것이 필요합니다.

(10) 금융비

금융권에서 차입했던 개인에게서 빌렸던 그 이자와 원금을 생각 안 할 수 없고, 또 하나는 자신이 투자한 투자금에 대한 이자도 감안해야 합니다. 그럼, 한 번 예를 통해 정리해 보면

계산기를 두드려 보자

다음은 서울 소재 임대평수 $100m^2$ (전용 $65m^2$) 정도의 가게를 기준해서 대략 계산으로 잡아본 금액입니다.

가. 건물에 대한 비용
　㉠ 보증금 : 30,000,000원
　㉡ 권리 시설금 : 40,000,000원
　㉢ 인테리어 비용 : 20,000,000원
　㉣ 전기·수도·배수·가스시설비 : 5,000,000원
　㉤ 간판 : 5,000,000원
　㉥ 기타장식품 : 1,000,000원
　㉦ 전기제품 : 1,500,000원
　㉧ 기타비용 : 2,000,000원

나. 주방용 기기 : 5,000,000원　　다. 홀용 기기 : 3,000,000원
라. 주류 및 음료 : 1,200,000원　　마. 직원 유니폼 : 200,000원
바. 개업비 : 2,000,000원　　　　　사. 광고비·홍보비 : 1,000,000원
아. 운영자금 : 5,000,000원　　　　자. 금융비

　　• 자기자본 = 9,000만 원 (①)　• 차입금액 = 3,190만 원 (②)
　　➡ 총 소요금액 = 1억 2,190만 원 (① + ②)

　놀랍지요? 사실 7천만 원 정도인 줄 알았던 가게가 1억 원이 넘게 들어가니 정말 어떻게…? 가진 돈이 9천만 원이라고 생각했으나 결국 빌려야 되는 상황입니다. 그래서 소요자금 계획이 아주 중요합니다.

투자금액 결정 시
이런 것 주의하세요

theme 05

　　　　음식 장사를 하기에 앞서 특히 주의할 점은 너무 자기 힘에 부치게 시작해서는 절대 안되요. 가장 좋은 방법은 자신의 자금으로 해결하는 것이겠지만, 대개는 자기 수중의 자금이 모자라게 마련이지요. 그러니 식당 시설 등에 투자되는 금액을 작게 가거나 자기 눈높이를 아주 낮춰야 합니다.

　또한 개업할 식당에 투자할 첫 자금이 부족하면 금융기관이나 친지에게 빌리게 됩니다. 하지만 그래도 쉽게 빌릴 수 있는 곳은 지인이나 형제, 친지입니다. 은행이나 저축은행 등은 빌리기도 어렵거니와 또 내 사정이 좀 나빠졌을 때 제일 먼저 알아 차리고 인정 사정도 없이 내 목을 죌 수도 있으니…, 조심하세요. 어쨌든 돈을 빌릴 때는 무조건 조심해야 합니다.

　분명히 말씀드리지만 막연히 "앞으로 어느 정도는 장사가 잘 되겠지? 그러면 나중에 조금씩 갚아 나가면 되겠지?" 해서는 안된다는 겁니다. 그러니 처음에 가장 부담이 적은 돈을 조달해야 합니다.

또한 외부에서 차입한 돈의 액수는 현재 자기가 투자하는 금액 중 보증금을 넘어서서는 안 됩니다. 그 이유는 최악의 경우에도 빌린 돈을 갚아야 되잖아요. 막말로 가게는 망할 수도 있지만 자신의 신용은 잘 지켜야 되고, 그래야 다시 재기할 수도 있기 때문입니다. 따라서 무조건 금리가 싸다고 금융회사에 차입하는 것만이 분명 다는 아니라는 겁니다.

잘 아시겠지만 은행 등 금융권이라는 곳은 철저한 두 얼굴이지요. 특히, 점점 더 신용사회로 가는 현실에서 제도 금융권의 돈을 쓰는 경우는 매우 심사숙고 해야 됩니다. 물론 사채는 더 무섭지요. 사업에 있어서 이는 절대 안 됩니다. 사채가 아주 급하게 숨을 쉬게 할 수 있을지 모르지만 금방 내 목을 다시 조릅니다. 결국은 사람 개개인마다 능력이나 힘이 다르니 자신에게 맞는, 그러나 자기 힘에 결코 부치지 않는 한도 내에서 시작해야 됩니다.

정체성은 지켜야 한다

theme 06

　　　　　근래에 너무나 많이 듣고 봐서 그런지 식상한 말인 '정체성'. 그런데 이게 식당에서는 정말 중요한 겁니다.

　흔히들 「… 답게」라는 건데, 칼국수집은 '칼국수집 답게', 고기집은 '고기집 답게', 설렁탕집은 '설렁탕집 다워야 한다'는 것이지요.

　어떤 사람이 식당을 하면서 연구를 많이 했습니다. 연구의 핵심은 가능한 한 최대로 가게를 활용하는 거지요.

　우선, 영업시간은 점심부터 새벽까지 하기로 해서 회전율을 높이고, 점심은 식사로, 저녁부터는 마진(이윤)이 좋다는 술로 정하고 메뉴는 누구나 좋아하는 한식부터 젊은이들이 좋아하는 양식 그리고 안주는 포장마차 안주부터 퓨전요리까지 망라했습니다. 물론 위치는 사무실 밀집지역으로 정했고, 실내장식도 여러 가지가 혼재될 수 있는 그런 인테리어로 했습니다.

　쉽게 얘기하면 어떤 손님도 낮이든 새벽이든 맞을 준비를 다한 거지요. 거기다가 음식솜씨도 뛰어난 주방장도 있었습니다. 처음에는 오는 손님마다 너무 맛있고 좋다고 해서 한껏 고무됐지요.

그런데 결과가 어땠을까요?

그 집 망했어요.

이유가 뭘까요? 한 마디로 정체성이 없었던 겁니다.

또한 전문요리로 많이들 개업합니다. 유명 맛집들이 대체로 전문요리로 성공했으니까요. 그래서 삼계탕집이나 대구탕집, 추어탕집 등 다양한 전문요리 식당들이 개업하지만 몇 달이 지나면 추가 메뉴가 하나 둘씩 등장합니다. 이유인 즉 손님이 원하니까, 우리 동네에 이 메뉴를 하는 곳이 없고 추가 메뉴도 개발해야 하니 그랬다나요? 그런데 그 가게가 잘 될까요? 식당 전면 유리창이나 메뉴판에 추가된 메뉴가 업소의 매출에 어떤 영향을 주는지 유심히 살펴 보세요. 추가된 메뉴가 많을 수록 그 가게는 빨리 문닫습니다.

어떤 분은 사람들의 입맛도 변하고 음식도 유행이 있으니 새로 맛과 메뉴를 개발해야 된다고 말합니다. 맞는 말이죠. 하지만 '답다'는 두 가지의 의미가 있습니다. 처음 개업 시 가장 자신있는 음식으로 승부를 보겠다고 한 것처럼 고집스런 맛을 유지하며 이 음식을 좋아하는 단골을 지속적으로 만들어야 합니다. 또한 추가 메뉴는 이 음식의 연장선에서 새로운 방식으로 조리한다는 의미이지 엉뚱한 메뉴를 취급하라는 것이 아닙니다.

음식 장사는 하루 아침에 승부를 보는 것이 아닙니다. 내가 일관된 맛과 서비스를 얼마나 오랫동안 손님에게 제공할 수 있느냐, 또 그 기간동안 수익을 유지하며 어떻게 버티어 내느냐가 성공으로 가는 열쇠입니다.

메뉴를 어떻게 정할까

theme 07

메뉴는 자기가 좋아하는 메뉴로

자, 이제 투자할 수 있는 금액을 대충 정했으면 메뉴를 정해야겠지요? 사실 메뉴를 정해야지만 가게의 크기, 위치 등을 정할 수 있으니까 중요한 사항입니다.

메뉴는 자기가 좋아하는 메뉴로 정하는 것이 좋다고 봅니다. 모든 일에서 자기가 좋아하지 않는 일을 하기는 정말 힘들기 때문이죠. 극단적인 예이기는 하지만 개고기 못 먹는 사람이 개고기 집을 할 수 있겠어요?

가장 좋은 것은 자신이 조리할 수 있다면 좋고 그렇지 못하더라도 좀 배우면 할 수 있는 자신감은 있어야 합니다.

"나는 초짜?"

"아무 것도 모르는데 어떡해야 하나? 먹기만 했지 칼 한 번 안 잡아 봤는데??"

답은 조리사 면허를 따면 됩니다.(참조 36p)

메뉴 정하는 방법

　메뉴를 정하는 데 있어 중요한 것은 주 메뉴와 부 메뉴를 선정하는 데 있습니다. 주 메뉴와 부 메뉴는 연관있는 경우가 있고 없는 경우가 있어요. 개업에 앞서 메뉴 결정에선 이건 상당히 중요하므로 잘 결정해야 합니다.

　그러나 어떤 경우도 주 메뉴가 주(主)가 되어야 합니다. 만약 추어탕집에서 미꾸라지 튀김도 한다면 이건 서로 연관되는 메뉴이고, 개고기집에서 닭고기를 한다면 연관없는 경우입니다. 그렇지만 생각보다 개고기를 못 먹는 사람들이 많아서 그 대안으로 하는 겁니다. 하지만 유명한 개고기집에서는 개고기만 하는 집이 더 많아요.

　또 한가지 기억해야 할 것은 백화점식 메뉴는 절대로 피해야 합니다. 여러 가지 메뉴를 하면 맛도 제대로 내기 힘들거니와 싱싱한 재료 관리가 장난이 아닙니다. 물론 조리도 힘들지요. 그러면 당연히 제대로 맛내기도 곤란하겠지요.

　특히 양식은 폼나게 해야 하고, 일식은 실력이 있어야 하고, 중식은 밀가루 장사이지요.

메뉴에 따른 준비는 어떻게 할까

theme 08

　　　　　식당이 성공할 수 있는 요인을 하나만 꼽으라면 '맛'이라는 데 이견(異見)을 다는 사람은 별로 없을 겁니다.
　그러나 대다수의 식당은 그 맛을 '주방장'이라는 사람에게 일임하고 있고, 또 그것이 성공과 실패의 큰 요인으로 작용한다는 점이지요. 또 다른 문제는 많은 식당들이 주방장들의 횡포에 대안이 없다는 점입니다.
　그 한 예로 작은 일식집에서 출근시간까지 주방장이 나오지를 않자 속이 탄 주인이 연락하다 못해 그 사람이 사는 집을 찾아가서 방에 누워있는 주방장을 보고 겨우 달래서 모시고(?) 나와 근무시키더라구요. 그런데 그 주방이 아팠냐고요? 천만의 말씀입니다. 그 전날 과음을 했다나.
　위 이야기는 한 예에 불과하지만 주방장 때문에 속 썩는 경우는 너무 많아요.

주방장 채용 시 대표적인 문제점

(1) 과도한 지출

여러 가지 조건에 따라 다르지만 월급도 대략 최소 200만 원~몇 백만 원까지 하고 그 외에도 식사비(가게에서 두끼 정도 먹음) 같이 잘 보이지 않는 경비부터 교통비 뭐다 해서 나가는 비용에다 제법 실력이 있거나 만약 숙소 문제까지 낀다면 전세방까지 얻어줘야 하는 경우도 있으니까요.

주방장에게 나가는 돈은 상당합니다.

(2) 주방장은 오래 있지 않는다

TV 프로그램에서 크지도 않은 지방 식당에 주방장이 20년이 넘게 근무하는 것을 본 적이 있습니다. 그 주방장과 주인 얼굴이 비슷하더라구요. 근데, 주방장이 20년 전에는 그 식당에서 아르바이트를 했다고 합니다.

이런 경우도 있기는 하겠지요. 그러나 희망사항이지요. 왜냐하면 정말 드물기 때문입니다.

특히 주방장이 미리 어떤 사정을 이야기라도 해주면 대처라도 하지만 심한 경우 월급 주고 난 다음날부터 무조건 안나오는데 이 땐 미치는 경우입니다.

지금도 서울 북창동 골목길에는 아침에 가면 중국요리 주방장들이 서성이며 땜빵자리를 기다리고 있어요.

이런 땜빵자리를 찾는 분들이 대부분 일종의 인력시장이지요.

(3) 의사결정에 어려움이 있다

 맛이 전과 달라졌고 간마저 안맞는 것 같은데…, 당사자는 아니라는 겁니다. '자기가 주방장인데 무슨 말이냐' 인 거죠.

 그리고 사장이 사입(私入)해 주는 물건이 대체로 나쁘다는 겁니다. 자기가 아는 데서 들여와야 된다는 겁니다. 하기는 식자재 사입을 누가 하느냐에 따라 월급을 달리하는 주방장도 있습니다. 자기가 물건을 사입 못하면 월급이 더 많은 경우이지요.

조리사 면허를 따보자

theme 09

요즘은 삶에 여유를 가지려 하는 사회 분위기와 함께 자신이나 가족의 건강 돌봄이나 요리하기, 먹거리에 대한 관심이 부쩍 높아졌습니다. 예전에 허영만 화백의 「식객」 만화나 영화, 인기 드라마 등에서 음식을 조리하는 내용의 이야기들이 큰 관심을 끌기도 했었지요. 그래서인지 요리도 배우고 조리사 자격증도 취득하려는 분들이 많습니다.

조리사 면허는 다음과 같은 종목들이 있으니 자기가 하려고 하는 업종과 메뉴가 명확히 정해지면 이에 따라 하면 됩니다.

① 한식	② 양식	③ 일식
④ 중식	⑤ 단체급식	⑥ 복어 조리

응시자격

누구나(학력, 경력, 연령 제한 없음) 응시할 수 있습니다.

조리사 시험내용은 뭘까

제 1차 이론시험

1차는 공중보건·식품위생법규·식품위생, 식품과 조리이론 및 원가계산 과목을 보게 되지요. 문제형식은 5과목 60문항 4지선다형으로 100점 만점에 60점 이상이면 합격입니다.

[한국산업인력공단 시행, http://www.hrdkorea.or.kr]

제 2차 실기시험

이론시험 합격자에 한해 실시하고 각 분야별로 지정된 요리 중 두 가지를 출제해서 100점 만점에 60점 이상이면 합격하게 됩니다.

학원은 보통 3개월 반(하루 3시간 기준)에서 이론과 실습을 합니다. 물론 정규반이다 뭐다 해서 일년 과정도 있기도 하지요.

그리고 참! 이건 여담인데요. 요리학원에 가면 남자 수강생이 더 많은 거 아세요? 젊은이들이 압도적인 것을 보면 요리사를 평생직업으로 생각하는 사람들이 늘어가는 것은 분명해 보입니다.

그리고 그 중에는 많은 사람들이 여러 가지 면허를, 예를 들면 양식 면허 있는 사람이 한식과 중식도 따려고 합니다. 그 이유야 취업에 유리한 조건을 맞추기 위해서지만….

아무튼 앞으로 시대는 지금같이 아줌마 주방장 시대에서 면허가 있는 젊은 주방장 시대로 바뀌어 갈 것만은 확실해 보입니다.

조리사 면허시험 어떻게 대비할까

면허시험을 너무 어렵게 생각하지 말고 다음과 같이 준비하세요.

필기시험

① 대형서점(교보문고, 영풍문고, 서울문고 등)에 가서 제일 얇은 문제지를 한 권 산다.
② 처음에 별도의 공부 없이 연필을 가지고 자신의 생각대로 문제를 그냥 풀어본다.
③ 답과 맞춰봐서 틀린 것을 문제번호 옆에 V 표시를 하나 한다.
④ 이번에는 V 표시된 문제만 풀어보도록 한다.
⑤ 답과 맞춰봐서 또 틀린 것에는 V 표시를 하나 더해서 2개가 되게 한다.
⑥ 그리고는 그냥 뒀다가 시험보기 하루 이틀 전에 표시된 것만 다시 한번 풀어본다.

실기시험

필기시험에 합격하고 나면 실기시험까지는 시간이 있어요. 각 요리학원에서는 그때 특별반을 운영하기도 합니다.

요리학원은 무지하게 많습니다. 학원을 선택하는 요령은 역사가 좀 된 데가 나아 보입니다. 그리고 물론 강의시간에다 교통편도 중요하지요.

수강등록하고 그냥 맨몸으로 가면 그곳에서 교재, 조리복(위생복), 칼 등 모두 팔아요. 여기서 파는 것들의 가격과 품질은 어지간하다고 보면 됩니다.

그리고 교육은 대동소이(大同小異)한 것 같아요.

강사가 우선 조리법에 대해 강의하고 대개 2인 1조로 실습하는 방식을 취합니다. 그래서 실습 시험범위에 있는 메뉴를 주욱 해보는 거지요.

막상 시험 당일, 시험장에 가면 조리대, 배선대 등이 학원과 거의 동일하게 되어있고 자신의 등에 수험번호를 붙이고 정해진 위치에 가서 대기하면 마치 옛날 과거시험처럼 그 날 시험 볼 메뉴 2가지가 앞에 걸려 있어요.

시험관 서너 명이 그때부터 돌아다니며 각 수험생의 조리방식 등을 체크하기 시작합니다. 이때 체크하는 것은 조리순서 등인데 복장도 보기 때문에 깔끔하게 차려 입는 것이 이왕이면 다홍치마겠지요. 그러니 별거 아니라고 슬리퍼 같은 거 신고 가지 마세요.

시험시간이 종료되면 다른 방에 진열하여 시험관이 각 수험생들이 조리한 음식의 모양과 맛을 다시 채점하기 시작합니다.

실제 조리사 실기시험의 주요 포인트를 중요도에 따라 적어보면 다음과 같습니다.

① 시간 내에 작품(여기선 조리한 음식을 '작품'이라고 부른다) 완성을 꼭 해야 합니다.
② 그 음식이 갖춰야 할 형태를 갖추고 있어야 합니다.
③ 간이 맞아야 합니다. 음식이니 만큼 당연한 말이지요. 그 음식이 갖고 있는 깊은 맛을 내기에는 시간적이나 경력적으로는 다소 부족하지만 간이 너무 싱겁거나 짜지 않도록 주의해야 한다 걸 기억하세요.

조리사 필기시험은 자동차 운전면허 필기시험의 난이도라고 할 수 있는데, 의외로 응시자들이 실기시험에는 많이들 떨어집니다.

그러나 다시 도전, 도전…. 운전면허 시험도 한 번에 못 붙었다고 포기하나요? 지방에서 대학 졸업하고 서울에서 하숙하며 일년 동안 시험보는 사람도 있었어요. 이렇게 시험에 합격하고 나면 조리사 면허증을 교부받을 수 있습니다.

면허증 신청 및 교부받기

theme 12

조리사 면허증은 관할 시·군·구청이나 온라인으로 민원24(www.minwon.go.kr)에 신청하면 되고, 다음 서류들이 필요합니다.

- 조리사 면허증교부신청서
- 사진 2매(최근 6개월 이내 찍은 탈모 상반신 반명함 사진)
- 건강진단서(보건소 또는 병원급 이상의 의료기관)

제201X- -호

조리사면허증

성   명:
주민등록번호:
직   종:

사진
(3×4cm)

식품위생법 제53조 및 같은 법 시행규칙 제80조 제2항에 따라 조리사를 면허함.

201X년 3월 일

서 초 구 청 장

장사 잘 되는 가게 위치 선택하기

　자, 그럼 장사하려고 하는 음식 메뉴가 정해졌고, 면허도 땄고, 투자 규모도 정해졌으니, 이제 가게를 정해야 할 차례이지요. 그 전에 흔히들 말하는 '목'이라고 하는 위치의 중요성을 강조하고 싶습니다. 보통 "목이 장사의 절반이다."라고 얘기를 많이 하잖아요. 그런데 실제로 목이 절반이 아니라 90%라고 말하고 싶습니다. 모든 다른 조건들이 좋다고 해도 장사목이 나쁘면 안돼요. 특히 음식점은 "맛만 있으면 골목길도 찾아온다."라는 맛 지상주의에 절대 빠지면 안 된다고 봅니다.

　제가 직접 겪은 얘기 한 토막을 여기서 말씀드리면, 서울 강남 코엑스(COEX)에 어마어마하게 큰 지하 쇼핑몰이 있잖아요. 그 곳에는 거의 모든 업태가 다 있지요. 만약 여러분이 그곳에다 음식점을 한다면 무엇을 하겠어요? 그렇지요. 당연히 패스트푸드점이지요. 물론 거의 모든 브랜드의 패스트푸드점이 이미 입점해서 성업 중이지만….

　제가 일부러 그곳의 요식업소들이 어떻게 되고 있나해서 코엑스 지하 쇼핑몰에 갔지요. 가서 자세히 살펴보니까 여기 온 사람들 참으로 많더라구요. 특히 젊은이들이 얼마나 많은지 그 젊은이를 상대로 한 식당들은 대부분 붐비고 있더군요.

하지만 손님들로 북적이는 각 코너 업소 가운데도, 또 비슷한 업종이라도 업소가 있는 위치에 따라 손님 수 차이가 컸어요. 또 한편으로는 많은 업소 중에서 젊은이들이 즐겨찾는 메뉴가 아닌 음식점들도 상당히 많았어요. 예를 들면 삼계탕, 전골류, 추어탕, 이런 메뉴들이었지요. 그 가게들의 장사는 어땠냐구요? 당연히 젊은이를 대상으로 하는 메뉴를 취급하는 업소에 비해서 현저하게 손님이 적었지요.

저는 비교적 손님이 적은 냉면 전문집에 들어갔습니다. 그런데 정말로 너무나 맛 없는 회냉면이었어요. 냉면은 정말 맛내기 힘든 메뉴지 않습니까. 단순해 보이는 음식이 맛내기가 정말 힘들거든요. 결국 너무 맛이 없어서 앞에 있는 설탕을 듬뿍 넣었어요. 그리고 잘 섞어서 한 젓가락 입에 넣었지요.

그런데 어떤 일이 생겼는지 아세요? 제가 설탕인 줄 안 그 하얀 분말은 소금이었던 거예요. 아! 이런 변고가 있다니??

그 업소 메뉴판에는 소금을 넣을 메뉴는 없는데도 냉면집에 기본적으로 있어야 할 설탕은 없고, 소금통이 있었던 거지요. 저는 물론 냉면 한 젓가락도 못 먹었고 종업원한테 얘기했지요. 바로 옆 카운터에서 주인도 보고 들었고, 그런데 그 사람들 그냥 "당신 책임 아니냐?" 하는 표정이예요. 맛도, 서비스도 ×인 거지요.

자. 이제부터가 제가 진짜 하려는 이야기입니다.

<u>실상 음식 맛이 그 정도인데도 위치가 워낙 좋은 곳이어서 손님은 제법 있더라는 거지요.</u> 즉, 그만큼 장사목은 중요한 겁니다.

가게 위치를 정하기 전에 꼭 해야 할 일

영업시간을 정해라

(1) 영업시간대의 결정

영업시간이라는 것은 가게를 몇 시에 열어서 몇 시에 닫느냐 하는 것은 기본이고 한 달에 며칠을 쉴 거냐는 것도 포함됩니다.

이건 우선 사장인 자신의 체력과 조건 등에 영향을 받을 수밖에 없습니다.

그러나 그보다도 중요한 것은 지역별로 영업시간대가 다르다는 사실입니다. 예를 들면 서울 송파구 신천동 일대는 새벽은 물론 아침까지 장사하는 곳이 수두룩하지요. 즉, 24시간 영업하는 곳입니다.

(2) 24시간 영업하는 경우

종업원은 2교대시키면 되지만 문제는 주인장입니다. 주인장도 최소 2교대 해야 하기 때문입니다. 혼자서는 못 견디게 마련이지요. 자기(사장) 말고 누군가 봐줄 사람이 꼭 있어야만 가능하다는 겁니다.

(3) 12시간 영업하는 경우

이것이 가장 일반적인 식당 형태로 점심과 저녁을 하는 경우입니다. 그 예로 오전 10시부터 준비해서 저녁 10시까지 영업하는 것입니다.

(4) 12시간 + α 영업하는 경우

이 경우가 가장 문제이지요. 점심, 저녁은 물론이고 늦은 밤까지 영업하는 겁니다. 이런 업소는 주 메뉴가 술과 안주용 음식을 파는 경우인데, 이렇게 영업하는 경우 주인장은 매우 힘들어요. 더욱이 요즈음 올빼미족이 많고 독신자도 많아지는 추세여서 식당들도 늦게까지 하는 곳이 많아지고 있어요.

집과 가게와의 거리, 교통편도 생각하자

한마디로 집과 가까우면 좋지요. 아니면 전철, 버스로 간편·단순한 교통수단이 있으면 좋습니다. 차를 가지고 다니는 경우 대부분 주차장이 없거나 주차공간이 부족해 문제일 뿐만 아니라 영업이 끝나면 피곤해서 운전은 안 하는 것이 좋고, 더구나 저녁에 술을 파는 업소이면 더욱 안돼요.

모여있는 곳이냐? 따로 갈거냐?

우리나라에는 같은 메뉴를 하는 식당들이 모여 있어서 유명한 곳이 많잖아요. 고깃집에서부터 생선구이 골목, 냉면 골목, 떡볶이 골목까지 참 많지요. 그래도 같은 메뉴를 하는 집들이 잘들 영업하고 있지요. 그런가 하면 나홀로인 업소들이 또한 대부분이기도 합니다.

식당을 처음 하는 경우 같은 메뉴로 남과 경쟁하기가 두려운 게 사실이지요. 특히 오랜 세월을 그곳에 자리잡고 영업해 오고 있으니 겁나는 상대일 수밖에요. 만약 겁나면 그런 곳은 피하는 것이 상책입니다. 즉, 동일 메뉴를 하는 업소가 너무 많은 곳은 피하면 되죠.

주말 장사가 가능한지?

이 얘기는 사실 영업시간과 연계된 얘긴데 중요해서 따로 말씀드립니다. 장사가 일주일 내내 일년 내내 잘 되면 좋지만 그게 어디 그러나요? 지역마다 특성이 있어서 주중에만 장사가 되는 사무실 밀집지역과 주말에만 장사가 더 잘되는 곳, 이렇게 장소마다 각각 달라요.

그런데 만약 주말에 전혀 장사가 안 되는 곳이라면 그건 전체로 보아 매출에 엄청난 영향을 줍니다. 쉽게 얘기해서 주말이 한 달에 8일 정도 되는데 추석, 설날 등 공휴일까지 생각하면 어림잡아 한 달에 10일이 되는 겁니다. 즉, 한 달에 2/3만 장사하는 셈이지요. 결국 장사의 성패는 주말 장사가 가능하느냐가 중요한 요소가 될 수밖에 없어요.

더구나 이제는 주 5일 근무가 보편적인 근무 형태이고, 주말에 나들이가 많다는 점을 깊이 생각해야 됩니다.

물론 가장 좋은 것은 두 가지가 다 가능한 지역이면 좋지요.

주차장에 대해
신경쓰지 말자

요즈음 차 없는 사람은 거의 없지요. 따라서 가게를 시작하려는 사람은 주차장이 신경 쓰이기 마련입니다. 특히 주중에 연인이나 주부들, 주말에 가족 단위 대상으로 영업을 하는 컨셉이면 더욱 그렇죠.

하지만 결론부터 말하겠습니다. "주차장은 신경 끄세요!"

물론 업소 자체 주차장이나 바로 인근에 활용 가능한 주차장이 있으면 좋고 또 대형 업소이면 당연히 있어야 하겠지요.

현실적으로 보통 규모의 식당은 주차장 확보가 어렵기도 하거니와 차를 타고 오는 손님은 특별한 경우 말고는 생각보다 수가 적습니다. 주차장에 대해 크게 신경 쓸 거라면 차라리 음식 조리나 서비스, 품질에 더 신경을 쓰는 것이 우선적으로 경쟁력을 확보하는데 필요하지 않을까요? 그래도 업소 가까운 곳에 유료 주차장일지라도 주차 공간을 알아둘 필요는 있습니다. 그런데 우리나라 사람들은 왜 그리 주차비를 아까워하는지 모르겠어요?

가게 면적과 층수는 어떻게 할까?

답은 "면적은 적게, 층수는 1층"입니다.

가게 면적(크기)에 대해서는 우선 우리나라 사람들의 민족성(?)에 대해서 알아야 할 게 있다고 생각됩니다.

우리나라 사람들은 맞닿고 비비고 그런 문화에 익숙해 있잖아요. 우린 어릴 때부터 안고 업고 기르는 문화이기 때문이죠. 외국인들이 우리나라에서 제일 싫어하는 것 중 하나가 사람 많은 길거리나 전철 같은 데서 어깨를 부딪치거나 몸이 부딪쳤을 때 아무렇지도 않은 우리나라 사람들에게 상당히 무례함을 느낀다잖아요.

그리고 우리나라 사람들은 세계 어느 나라 사람들보다 꼭 만져봐야 되고 심지어는 박물관 전시품도 꼭 손을 대 보고 싶어 하잖아요. 이게 우리는 접촉문화라 하지만….

세상이 좋아져 고급스럽고 세련된 장소가 많아지고 해서 초짜, 특히 먹물을 좀 먹은 초보가 가게를 구하려고 할 때 흔히들 빠지기 쉬운 오류가 바로 널찍한 공간입니다. 그런데 꼭 기억하세요. 넓고 세련된 공간은 사람을 주눅들게 한다는 사실을….

그리고 몇 층이냐는 초기 개업자금 문제와 관련이 있지만 대개 지하나 2층이 1층의 절반 수준이잖아요. 같은 장소에 160㎡(약 50평) 규모 2층 식당이냐, 아니면 80㎡(약 25평) 규모 1층으로 할 것이냐고 한다면 단연코 1층 입니다. 왜냐하면 우선 사람들은 시선이 자기 눈 높이의 위아래 15도 정도만 보며 걷기 때문입니다. 여러분도 한 번 생각해 보세요. 지금 자신이 살고 있는 동네 2층 건물에 무슨 가게가 있는지 잘 아세요? 뭐, 일 삼아 한 번 쳐다보며 걸으면 '아! 저런 가게도 있었네' 하고 놀랠 겁니다.

또한 계단 수는 몇개 안되지만 2층이나 지하의 그 열 몇 개되는 계단을 손님들은 싫어해요. 아~주…. 인간은 워낙 수평적인 동물이어서 그런가 봐요.

다시 한 번 강조하지만 면적은 크지 않게. 층은 1층이 답입니다.

그리고 지하는 물론 2층보다 더 나빠요. 손님들이 싫어하는 것은 물론이고 음식점의 기본 요건인 환기 등에 문제가 있기 때문이죠. 가급적이면 지하실은 피하세요.

내게 맞는 가게를
어떻게 제대로 구할까

　자아. 이제 대부분의 그림이 정해졌으니 내 가게를 구하러 가야지요.
　지금까지 정한 것은 투자액, 메뉴, 대강의 위치, 규모, 층수 등이지요. 가게를 구하는 방법에는
　① 중개업소(부동산)
　② 생활 정보지 등 간행물
　③ 인터넷
　④ 기타 등의 방법이 있는데
　우선 제일 먼저 떠오르는 중개업소(부동산)부터 이야기 해보면, 편하게 부동산이라고 부르겠습니다.

부동산 소개업소
　부동산은 두 가지의 종류가 있는데, 하나는 전통적인 부동산이고 또 하나는 기업형입니다.

이들 부동산을 구분해서 설명하면 아래의 표와 같습니다.

전통적 부동산에 대해서는 다들 잘 아실 테니까, 기업형에 대해서만 약간 부연 설명을 하자면 이런 기업형 부동산은 좋은 위치에 좋은 건물에 크게 현대적인 인테리어를 하고 있는데, 직원수도 상당히 많습니다. 이런 업체가 어떻게 운영되느냐 하면 직원들에게 봉급은 별로 주지 않고 부동산 거래계약 시에 오히려 일부를 회사에 내는 겁니다.

이런 방식으로 업체를 운영·유지하는 거지요. 그리고 음식점 전문, 술집 전문 등, 이렇게 전문분야가 있고 전문담당이 있어요.

구분	전통적 형태	기업형 형태
규모	소규모	대규모, 현대적 시설
인원	서너명 이내	수십 내지 수백명까지
물건확보방식	사거나 파는 사람과의 직접 만남이나 의뢰로 처리	돌아다니며 물건을 찍어서 권유
손님유치	사무실 대기	가능고객에게 추천, 정보지 게재
계약시	계약서 작성 치중	영업허가 등 제반 업무 처리
수수료		비싸다

이런 사람들은 대부분 부장, 실장, 팀장이나 어쩌다 컨설팅이라는 그럴싸하고 애매한 타이틀을 갖고 관심지역을 다니면서 장사가 될만한 물건을 찍어서 가게 주인에게 팔도록 꼬시는 겁니다. 나이는 대부분 젊고 세련되어 보입니다.

물론 이런 부동산들이 여러 군데여서 어느 정도 위치가 좋은 곳은 여러 부동산에서 시도하기도 하지요. 여기서 조심해야 할 것은 마치 가게를 얻으려는 사람이 여럿이 대기한다고 말해서, 초짜는 착각하게 되는 겁니다. 팔지 않겠냐고 전화도 오고 하니까 더 착각하게 만들죠.

그리고는 자비를 들여서(요즈음은 내라는 데도 있음) 벼룩시장이나 홈페이지 같은데 광고를 내는 겁니다. 만약 계약이 되면 이 사람들은 기존의 부동산보다 더 많이 요구해요.

물론 장점도 한 가지 있지요. 자신이 잘 모르는 지역이라면 우선 검토 차원에서 가게 위치나 시세 등을 알기 위해 문의를 해 볼 수 있지요. 또 어느 지역에 얼마만큼의 규모에 무슨 가게를 구한다고 이런 사람들에게 부탁하면 발품이나 노력을 줄일 수도 있습니다.

여기서 한 가지 말씀드리죠. 부동산은 부동산입니다. 이 말의 요지는 그 분들이 먹고 사는 것은 중개 거래행위가 일어나야 돈을 벌게 됩니다. 그게 핵심이죠. 오랫동안 요식업소 소개를 했다면 분명히 전문가급이겠지만 내가 생각하는 가게나 음식, 영업방식 등이 그들이 제시하는 것에 딱 맞을 것이라고 생각하면 곤란합니다. 어차피 거래를 성사시켜야 하는 부동산이라면 당연히 신뢰할 만한 말만, 또 내 사정을 너무나 잘 알아서 말하는 것은 아니겠지요? 무슨 뜻인지 아시죠?

따라서 당부하고 싶은 말은 "너무 중개업소 말은 믿지 말라."는 겁니다. 발품도 필요하고 자기의 노력이나 판단이 더욱 중요하지요.

정보지와 인터넷

길을 가다보면 작은 함에 꼽혀 있는 생활 정보지를 보신 적이 있을 것입니다. 지역에 따라 여러 가지가 있지만 벼룩시장이 제일 크지요. 그리고 놀랍게도 거의 전국의 주요 도시 구역마다 그곳의 벼룩시장이 다 발행되고 있습니다. 매일 발행되고 주말판도 있어요. 짧은 시간에 많은 물건들을 볼 수 있다는 것이 최대의 장점입니다.

그곳에 실리는 물건(가게)들은 두 가지 입니다. 가게 주인이 내놓은 것과 앞에서 설명한 기업형 중개업소에서 내 놓은 것. 여기서 한 가지 유념할 것은 그 중에는 별 볼일 없는 물건들이 더 많다는 사실입니다. 하지만 근래에는 직거래를 원하는 사람들이 늘면서 검토해 볼만하기도 합니다.

요즈음은 신문 형태의 업소 매물광고는 예전만큼 영향력이 줄어들었습니다. 그만큼 활용도가 떨어지고 있다는 것이고 업소 매물 수나 사용자 수가 줄고 있으니 스마트폰이나 인터넷으로 옮겨지고 있다고 해도 과언이 아니죠. 스마트폰 앱(구글 안드로이드나 애플 IOS 아이폰)을 통해 찾을 수 있으며, 또 인터넷으로 찾아보면 참으로 많은 회사에서 운영하는 중개사이트가 있으니 참고해 볼 필요가 있습니다.

그러나 무엇보다 중요한 것은 자신이 직접 확인해야 한다는 거지요. 이와 같은 방법으로 매물정보를 얻을 따름이지 장소나 가게 결정에 따른 책임은 어디까지나 내 몫이라는 점을 꼭 유념하세요.

어느 정도 자신의 조건과 맞는 듯한 가게를 표시해서 먼저 전화로 확인한 후 직접 방문해 보도록 하세요. 또 방문도 점심시간대나 저녁시간대, 평일과 주말에 걸쳐 구분해 여러번 방문하여 그 장소의 특징이나 가게의 상황을 면밀히 검토하여야 합니다.

가게를 계약할 때 꼭 체크해야 할 것들

이렇게 해서 나름 발품도 팔고 고생하고 고심 끝에 적당한 가게를 찾고 나면 마음이 급해지기 마련입니다.

이때 서두르는 것은 절대 금물입니다.

내가 빨리 계약하지 않으면 꼭 딴 사람에게 뺏길 것 같은 기분이 들고, 이런 사람의 심리를 이용해 중개업소에서는 그런 분위기를 연출하기도 합니다.

그러나 설령 다른 사람에게 뺏겨도(뺏긴다는 말이 좀 이상하지만 실제로 잘 쓰는 말이니까) 아쉬워 하지 마세요. 그 가게는 여러분과는 인연이 없는 거라고 생각하는 것이 대개 정답입니다.

가게를 계약하기 전에 챙겨야 할 사항은 다음과 같습니다.

① 보증금
② 권리금
③ 월세
④ 관리비

⑤ 부가가치세

⑥ 별도 관리비(정화조나 건물 청소비, 교통유발부담금 등)

⑦ 사업자등록증

⑧ 영업허가증

⑨ 임차계약서와 계약기간

⑩ 건물(토지) 등기부등본

⑪ 공과금 영수증(전기·수도·가스·전화요금·TV·인터넷·신문 등)

⑫ 주 거래처 결제현황

⑬ 시설 권리금

⑭ 중개업소 수수료

⑮ 간판

이렇게 여러 항목을 나열하니 상당히 복잡해 보여도 별 것 아닙니다. 각 항목들이 무슨 의미인지는 아시겠지요?

참고적으로 약간의 설명을 보태 말씀드리면

① 관리비는 무엇까지 포함되는지 범위를 확실히 알아야 하고

② 부가가치세는 요즈음 사업하는 사람의 필수사항이지요. 건물 임대업도 마찬가지고 부가가치세는 내야 된다는 사고를 가져야 됩니다, 물론 매입 부분은 당연히 세액공제를 받지요.

③ 엘리베이터비나 건물 청소비, 소독비, 정화조 청소 같이 부정기적인 관리비나 면적이 넓은 건물인 경우 교통유발부담금 등을 건물주가 부담하는지 입주자들이 나누어서 내는지 알 필요가 있습니다.

④ 사업자등록증

현재 장사하는 사람이 당사자가 맞는지와 이 가게의 연혁(History)을 알 수 있어요.

⑤ 임차계약서

그야말로 건물주와 맺은 계약내용을 보는 건데, 제일 중요한 것은 계약기간입니다. 재계약을 하려고 하면 건물주들은 습관적으로 임차료를 올리려고 하거든요. 그래서 임차기간이 얼마만큼 남았는지, 계약서 상에 일방적으로 불리한 내용은 없는지, 당사자가 맞는지, 이미 알고 있는 것과 보증금이나 월세 등은 맞는지 등을 체크해야 합니다. 또 상가임대차보호법상 상가임차인을 보호하기 위해 5년 계약이 시행되고 있다는 것을 기억하세요. 따라서 1년 장사할 거 아니니까 2년 또는 3년 단위로 계약을 하되 재계약 시 적정한 임차료 증가분을 얼마로 한다라든지, 거듭 재계약을 할 수 있다는 조항을 넣어야 합니다. 만약 계약기간을 너무 길게 잡으면 장사가 안될 경우 가게가 쉽게 안나가면 매달 꼬박꼬박 임차료를 내야하고, 또 계약기간을 너무 짧게 잡으면 재계약 시 장사가 좀 되는데 과도한 임차료를 요구해 재계약을 무산시키는 악덕 건물주가 있거든요.

⑥ 등기부등본(건물과 토지)

이건 한마디로 가게의 위치와 계약서에 기재할 부동산의 표시가 일치하는지, 건물의 금융에 대한 안전성과 건물주를 체크하는 겁니다. 등기소나 대법원 인터넷등기소(www.iros.go.kr)에서 편리하게 등기부등본을 열람하거나 떼어보면 그 건물이 얼마만큼 금융권에 담보설정이 되어 있는지, 또 소유주가 누군지 알 수 있죠. 이것을 잘 살펴야 됩니다. 막말로 보증금까지 떼여서야 쓰겠어요? 또 부동산 등기부상의 점포 호수와 맞는지 확인하고 임차면적도 맞는지 확인하기 위해 건축물대장을 떼서 확인하세요. 참고로 허름한 건물이나 장소인 경우 도시계획확인원을 열람해 이 지역이 재개발이나 도시개발계획에 포함되어 있는지도 체크하세요. 이런 서류는 정부가 운영하는 민원24(www.minwon.go.kr)에서 금방 확인이 가능하니 꼭 해보시기를 ….

⑦ 공과금 영수증

요건 가게 주인이 제때 공과금들을 내면서 장사했는지 알 수 있는 거고, 실제로는 계약 당일 다른 서류와 함께 넘겨받는 겁니다. 전기, 수도, 가스는 기본이고 신문대, 케이블 TV나 소독비 등 별도로 챙겨야 할 것도 있어요.

⑧ 주 거래처 결제 현황

주류나 음식 주·부재료 등 쉽게 얘기해서 각종 물품 대주는 거래처에 돈을 다 주었냐는 건데 고깃집이라면 고기 값. 뭐 이런 식이지요.

지금까지 얘기한 것이 주로 서류적인 것이라면 그 다음에는 새 건물에 들어가는 경우가 아니라면 대부분 시설 권리금이라는 것을 주게 되는데, 시설 권리금에 대해서 가게 주인과 또 임대인(건물주)과도 계약 전에 명확히 해야 됩니다.

권리금
어떻게 할까

우선 시설 권리금은 가게 내에 설치되어 있는 것들은 다 포함되고 그 외에 주방의 주요 기기들, 예를 들면 가스대, 조리대, 오븐, 수납장, 가전제품, 냉장고, 전자렌지, 오디오, TV, 금전등록기 등입니다. 다만, 냉장고 중에는 주류전용 냉장고가 있는데, 이건 주류대리점에서 빌려주는 형식으로 설치한 거니까 주류 거래처를 정하면 그 곳에서 설치해 줍니다.

그런데 권리금이라면 영업적인 권리금, 시설적인 권리금, 바닥에 깔린 권리금이 포함된 개념입니다. 영업적인 권리금은 보통 이 가게가 1년에 얼마만큼 이익을 남기는가를 계산한 금액이죠. 이 권리금이 없는 경우라면 그 가게는 완전 죽은 가게입니다. 장사가 완전 안 되는 거지요. 누가 와서 장사를 해도 이 만큼은 번다는 개념으로 예를 들어 월매출이 3천만 원이고 순이익이 3백만 원이면 이 가게는 3천6백만 원이 권리금이지요(3백만 원×12개월). 그러니 가게주인한테 매출장부를 달라고 해서 확인해봐야 계산할 수 있겠지요. 꼭 그렇게 해야지 상대방 말만 믿으면 안돼요. 또 시설적인 권리금은 가게를 오픈할 때 갖춰진 설비 일체(인테리어나 주방기기, 전기제품, 간판 등)를 말합니다. 시설적인 부분은 시간의 흐름에 따라 그 가치가 감소합니다(일명 감가상각이라 하지요). 인수하려고 하는 가게가 5년 전에 오픈시 인테리어나 기기 구입 등으로 1억 원이 들었다며 시설도 아주 깨끗하고 하니 그 금액을 전부 인정해 달라면 완전 생떼쓰는 것이지요.

보통 시설물에 대한 감가상각은 3년을 기준으로 하며, 일부는 5년까지 보는 경우가 있습니다. 특히 인테리어는 3년 정도가 적당하고 가전제품이나 기기는 관리가 잘된 경우나 수명이 긴 경우 5년까지 볼 수 있지요. 그러니 시설에 대한 권리금은 가게 점검 시 하나하나 확인하고 어느 정도 계산해서 협상해야 합니다. 업종이 전혀 다르거나 기존 시설물을 그대로 사용하지 않을 경우라면 이 부분을 인정해 주면 자신만 손해보는 셈입니다.

또, 바닥에 깔린 권리금은 사실 상권이 유명세를 타 그 자리에서 장사하면 뭐든 웬만큼 되는 경우인데, 사람에 따라 시각차도 존재하고 금액도 천차만별이죠. 만약 건물주가 요구한다면 뭐 계약서에 돌려받는 다는 사항을 명시하면 되지만 가게 주인이 요구한다면 좀 생각해봐죠. 인근 부동산업소에서 확인도 하고 주변 가게 주인들에게도 물어봐야죠. 실제 권리금은 내가 줬으니 나중에 그대로 다 돌려받는다고 생각하면 안 됩니다. 그러니 하나하나 분명히 해야 합니다.

그리고 시설물에 있어서 가게 인수·인계시 분쟁의 소지를 없애려면 서로가 미리 품목과 수량을 적은 확인서를 써두는 것이 제일 좋습니다.

계약서 작성과
계약금, 중도금 지급

가게를 정하게 되면 계약을 하는 과정은 간단합니다. 당연한 이야기지만 계약은 현재 장사하고 있는 경우에는 그 가게 사장과 하는 겁니다. 물론 건물주와 임대차계약은 또 해야하지만….

그리고 계약금은 10% 정도입니다. 예를 들어 보증금 5천만 원에 권리금 5천만 원인 가게라면 1천만 원을 계약 시 주면 됩니다.

계산기를 두드려 보자

○ 총계약액 : 보증금 5,000만원 + 권리금 5,000만원 = 1억원
○ 계약금 : 1억원 × 10% = 1,000만원

계약금은 지금 장사하는 사람에게 주는 거고 꼭 영수증을 받아야 합니다. 이때까지 건물 주인 얼굴도 못 보는 경우가 허다합니다. 가게를 얻는 입장에서는 불안한 점도 있지요. 우선 주인이 월세를 올리지 않느냐 하는 점 입니다. 이것에 대해서 불안해 하지 않기 위해 일단 할 수 있는 가능한 안전조치를 다 취해 두어야 합니다. 계약 시 건물주를

입회하거나 계약 이전에 임대료 인상에 대한 의견을 가게 주인을 통해 확인하는 것이지요. 또 만약 사전 협의가 안되었거나 오랫동안 임대료를 올리지 않은 경우라면 건물주가 올릴 가능성이 높기 때문에 계약 전에 확인해야 하고 부득이한 경우라면 가게 주인과 계약 시 특약사항에 '임대료 인상이 있는 경우 이 계약은 무효'와 같은 항목을 넣도록 합니다.

또한 계약서 쓰는 날 중요한 것 중 하나가 중도금과 가게 인수·인계하는 날(잔금 치르는 날)을 정하는 일입니다. 보통 주택의 경우 계약 ⇒ 중도금 ⇒ 잔금으로 이어지고 그 기간도 한 달이 넘는 경우가 많아요. 반면 가게의 경우는 다릅니다. 그 이유로 가게를 그만두는 사람은 이미 마음이 떠나서 빨리 그만두고 싶고, 새로 시작하는 사람은 하루라도 빨리 시작하고 싶기 마련이니까요.

그래서 계약하고 잔금 치르는 날짜까지의 기간이 상당히 짧아요. 일반적으로 열흘 내외인데 경우에 따라 더 빠를 수도 있어요. 따라서 중도금 없이 바로 잔금으로 가기도 합니다. 가게 주인이 중도금을 많이 원하면 가급적 조금만 줘야 합니다.

그럼, 개업 준비가 무척 바빠지겠지요? 돈 준비는 물론이고 개업하기 위한 여러 가지 준비를 서둘러서 해야요. 그러니까 가게를 계약하기 전에 밑그림을 가급적 자세히 그려놔야 됩니다. 자~ 이제 계약은 했다고 보고 지금부터 준비해야 할 것들을 챙겨보기로 하죠. 계약 후 나름대로 준비하고 잔금을 치르고 가게를 인계받게 되니까 순서로 보면 잔금 치르는 정식 계약하는 일은 좀 후에 있는 일이지만 같은 개념이니 잔금에 관해서 우선 얘기하겠습니다.

계약서 작성, 잔금, 중개수수료 지급

이제 약속한 날짜가 지나고 잔금을 치르는 날 입니다. 이날 처음 건물주와 만나게 됩니다. 물론 계약에 따라 다른 경우도 많습니다. 이 자리에 건물주, 원 임차인, 나, 중개업소 직원 이렇게 4자가 만나는 거지요. 내가 준비해야 할 것은 잔금, 소개비, 주민등록증, 도장 정도입니다. 계약서는 보통 중개업소 직원이 작성합니다. 대개 다음 같은 서식이지요.(참조 68p).

그런데 여기서 제일 하이라이트는 월세에 관한 사항이지요. 건물주는 임차인이 바뀔 때 월세를 올리고 싶어하니 사전 협의가 안 된 경우라면 문제가 됩니다. 또 건물주가 월세 인상폭을 높이거나 갑자기 특정한 조건을 붙이면 더욱 그렇죠. 그래서 이날은 건물주와 협상을 잘 하는 것이 제일 중요합니다. 잘 꼬시고 달래서 월세를 가급적 안 올리면 좋고 올리더라도 조금만 올리게 해야겠지요.

보증금, 권리금, 월세 너무 많으면 문제다

theme 22

그런데 최종 계약에서도 권리금이 문제입니다. 앞서 권리금에 대해 말씀드렸지만 권리금이 아예 없거나 적으면 좋지요. 그런데 문제는 어느 곳이고 권리금이 다 있고 나름대로 이유가 있다는 겁니다. 또 권리금은 그야말로 오를 수도 있고, 최악의 경우도 생각해 봐야되니 어찌 고민이 없겠어요? 하지만 고민은 그만하고 몇 가지를 염두에 두면 좋겠습니다.

첫째, "권리금이 많은 가게를 얻을 것이냐? 말 것이냐?"를 먼저 생각해 봐야 합니다.

둘째, 특히 권리금이 보증금의 2배 이상 되는 가게인 경우에는 심사숙고해야 됩니다. 최악의 경우를 당해서는 안 되니까 등기부등본상의 금융상황, 건물주의 인간성 등을 체크해야 합니다.

셋째, 권리금에 심한 거품이 포함되어 있지는 않은지 냉정히 판단해야 합니다. 인근지역에 비슷한 조건의 가게가 있다면 그 가게 주인에게 묻거나 부동산업소에 물어 당연히 비교해 봐야지요.

또한 건물주가 임대기간이 끝나고 연장을 해 주지 않는 경우 권리금을 회수할 방법이 없으므로 계약 시 관련 조항을 넣어 두여야 합니다. 특히 건물주가 계약서에 이런 내용을 쓰려고 하지 않아요. 건물주가 재계약을 해 주지 않고 임차인을 내 보낸 뒤 가게 인테리어를 이용해 자신이 직접 또는 타인에게 재임대하는 경우도 있어요. 그러니 이럴때는 전 임차인에게 지급한 권리금에 상당한 금액을 나에게 지급한다는 내용이나 인근 가게의 권리금에 준하는 금액을 보장해 준다는 내용을 계약서에 명시할 필요가 있습니다.

그리고 한 가지 덧붙여 말씀드리면 장사가 좀 되는 것에 비해 엄청난 권리금이 붙어있는 지역들…. 예를 들면 서울의 강남역, 삼성역, 압구정동, 명동, 건대역 등에서 가게를 얻을 때는 신중에 신중을 기해야 합니다.

그 다음은 월세인데, 한 마디로 얘기하면 월세를 우습게 생각하지 말라는 겁니다. 뭐 30일로 나누어 보면 하루에 그까짓 몇 만원 하기 쉬운데, 단언코 NO! 월세 부담이 큰 가게를 하면 결국 월세 내려고 장사하는 꼴이 됩니다. 그러니 보증금을 가급적 많이 지급하고 월세를 최대한 줄여야 됩니다. 이 말은 장사하는 분들에게 물어보면 백이면 백이 수긍하는 말입니다. 장사는 하루 이틀하는 것이 아니니까요. 무슨 뜻인지 아시겠지요? 꼭 기억하세요.

그리고 계약서는 나중에 세무서에 사업자등록 신청을 할 때 같이 제출하여 확정일자를 꼭 받으세요. 그래야 상가임대차보호법 상 보증금을 돌려 받을 수 있는 권리가 생깁니다.

부동산 권리양도계약서

양도인과 양수인은 서로간 합의에 따라 다음과 같이 부동산 권리양도계약을 체결한다.

1. 부동산의 표시 및 권리양도금액

소 재 지 및 상 호			
권리양도 금액(시설비 포함)	金		원整(₩)

2. 계약내용(약정사항)

第 1 條 양수인은 상기 표시 부동산의 권리양도금액을 다음과 같이 지불하기로 한다.

계 약 금	金	원整은 계약시에 지불한다.
중 도 금	金	원整은 201 년 월 일에 지불한다.
잔 금	金	원整은 201 년 월 일에 지불한다.

第 2 條 양수인은 상기 표시 부동산의 소유권 행사를 방해하게 하는 저당권 설정·공과금의 미납 등 제반 제한사항을 제거하여 권리양도금액의 잔금을 수령함과 동시에 소유권 이전등기에 필요한 모든 서류와 완전한 소유권을 양수인에게 교부·이전하여야 하며 즉시 영업을 할 수 있도록 모든 시설을 포함 인계하여 주어야 한다.
第 3 條 상기 표시 부동산의 인도일을 기준으로 하여 당해 부동산에 관하여 발생한 수익과 공과금 등의 지출부담은 그 前日까지의 것은 양도인에게 귀속하며 그 이후의 것은 양수인에게 귀속한다.
第 4 條 부동산 소유자와의 임대차 계약내용

임대보증금	金	원整(₩)	월세	金	원整
소유자성명		전화	임대차 기 간	201 년 월 일	년 월 일

第 5 條 양수인이 양도인에게 중도금(중도금 약정이 없는 경우에는 잔금)을 지불하기 전까지는 본 계약을 해제할 수 있는바, 양도인이 해약할 경우에는 계약금의 2倍額을 상환하며 양수인이 해약할 경우에는 계약금을 포기하는 것으로 한다.
第 6 條 중개수수료는 당해 권리양도계약의 체결과 동시에 양도인과 양수인 쌍방이 각각 지불하여야 한다.

※특약사항

본 계약에 대하여 계약당사자가 異議없음을 확인하고 각자 서명 날인한다.   201   년   월   일

3. 계약당사자 및 중개업자의 인적사항

양도인	주 소				
	주민등록번호		전화		성명
양수인	주 소				
	주민등록번호		전화		성명
중개업사	사무소소재지				
	사무소명칭		전화		대표
	등록번호		소 속 공인중개사		

| No (전세 / 월세) | | **부동산임대차계약서** | | ☐ 임대인용
☐ 임차인용
☐ 업소보관용 | |

1. 부동산의 표시

소 재 지							
면 적	건물		m²	대지	m²	기타	m²
전세(보증금)		월세금		원정(매월 일 지불)			

2. 계약조건

제 1 조 위 부동산에 대한 임대인과 임차인 쌍방합의하에 아래와 같이 계약함
제 2 조 위 부동산을 임차함에 있어 임차인은 임대인에게 다음과 같이 전세(보증)금을 지불하기로 함

계 약 금	원정은 계약서에 임대인에게 지불하고
중 도 금	원정은 년 월 일 지불하고
잔 금	원정은 년 월 일 중개인 입회 하에 지불키로함

제 3 조 부동산의 명도는 년 월 일로 명도 하기로 함.
제 4 조 전(월)세 기한은 임차인에게 부동산을 명도한 날로부터 개월로 정함.
제 5 조 임차인은 임대인의 승인하에 개축 또는 변조할 수 있으나 부동산의 반환기 일전에 임차인의 부담으로 원상 복구키로 함.
제 6 조 소개료는 쌍방에서 계약시에 각각 전(월)세 금액의 %씩을 소개인에게 지불하기로함.
제 7 조 임대자가 본 계약을 어겼을 때에는 계약금으로 받은 금액의 2배를 임차인에게 주기로 하고 임차인이 본 계약을 어겼을때에는 계약금은 무효가 되고 돌려달라는 청구를 할 수 없다.

위 계약조건을 틀림없이 지키기 위하여 본 계약서를 작성하고 각각 1통씩 갖기로 함.

년 월 일

임대인	주 소				
	주민등록번호		전화번호		성 명
임차인	주 소				
	주민등록번호		전화번호		성 명
중개 업자	사무소소재지				등록번호
	사무소명칭		소속공인 중개사	전화번호	대표

가게 상호 어떻게 지을까

theme 23

창업 전문가들은 가게 이름을 "기억에 남게 지어라."라고 강조하는데 꼭 그렇게 할 필요가 없다고 생각합니다. 다시 말해 별로 중요하지 않다는 의미지요. 오히려 너무 멋있게 짓거나 길게 짓지 마세요. 그리고 너무 이상하거나 상스럽게 짓지 마세요.

제가 본 상호 중에서 기억에는 남지만 절대로 들어가고 싶지 않은 상호는 '세상에서 제일 맛 없는 집', '돼지 팍 땡기는 날', '똥 먹은 도야지' 입니다. 요즈음 왜 그리 똥 얘기들을 상호에 쓰는지…. 여담이지만 제가 본 바지만 취급하는 어떤 옷 가게의 상호는 '똥싼 바지' 더라구요. 어느 딸기 과수원의 이름은 '똥딸기' 구 ….

 가게 이름

- 인상 깊게 상호 지으라는 말에서 벗어나자
- 유행 따르지 말구, 너무 길게 짓지 말자
- 멋있게 지으려는 마음에서 벗어나 그냥 답게, 평이하게 짓자

인테리어 공사
어떻게 할까

요즈음 인테리어를 잘한 집들이 너무 많고 설렁탕, 삼겹살 집도 마치 레스토랑 같은 분위기의 실내 장식을 하기도 하잖아요. 이제 소비자의 눈높이나 사회적인 수준과 요구가 그 만큼 높아진 결과이겠지요. 그래서 장사 초짜일수록, 그것도 먹물(?)을 좀 먹은 초짜일수록 본 것들도 있고 해서 인테리어를 잘하려고 하고 또 신경쓰고 그럽니다.

그럼 과연 인테리어가 매출에 그렇게 크게 영향을 미치는가?

대답은 "아니다(NO)."라는 겁니다. 극단적인 표현을 쓰면 '인테리어를 하지 마라."는 거지요.

우선 저는 그 이유를 우리나라 사람들의 정서로 이해하려고 합니다. 이미 설명드렸지만 우리나라 사람들은 너무 정돈되고 깔끔한 분위기에 편안해 하지 않고 오히려 일부 거북스러워 합니다.

사실 현재 인테리어라는 것은 학문적 밑바탕도 그렇거니와 서구의 그것과 똑같습니다. 서구적인 특히, 미국적인 실내 장식이 어쩐지 우리에게는 편안하지 않은 거지요. 우리는 그냥 좀 세련되지 않은 분위기에서 먹는 된장찌개, 냉면이 더 좋은 겁니다. 이것은 물론 앞에서 언급한 가게 크기와도 일맥 상통하는 얘기입니다.

흔히들 식당 매출에 크게 영향을 준다고 많은 전문가들(?)이 소리높여 얘기하는 분위기를 '비싼 인테리어'라고 착각하지 마세요. 단언컨대 명심하시길. 중요한 얘기입니다. 분위기와 인테리어는 완전히 다르다는 것을 이해해야 합니다.

그래도, 그렇다 치더라도 인테리어를 전혀 안 할 수 없겠지요?

그럼. 이제부터 인테리어에 대해 얘기해 보기로 하겠습니다.

우선 인테리어(실내 꾸미기)가 무엇일까요? 말 그대로 실내를 꾸미는 거고, 그 구체적인 내용들은 다음과 같이 나누어 볼 수 있습니다.

인테리어 공사의 내용들

① 목공사

목수가 나무, 합판 등으로 실내의 벽, 칸막이, 천장 등의 바탕과 마무리를 하는 일이죠.

② 건축공사

묶어서 건축공사라고 했으나 방수·미장·타일·창호·유리·도배공사 등 여러 가지 종류의 공사가 있습니다.

③ 도색(페인트나 시트지)공사

바탕 위에 칠을 해서 마무리하는 페인트공의 일(또는 시트지 부착 등). 이것도 건축공사 중 일부지만 인테리어 공사에서 중요해서 별도로 했습니다.

④ 바닥공사

알맞은 바닥재료를 깔거나 붙이는 공사

⑤ 붙박이 가구공사

고정되어 벽면에 붙어있는 붙박이 가구, 카운터 등

⑥ 전기·전선공사

분전함 및 전열기와 전기 배선·배관공사와 등기구 부착공사 및 기타 전기공사

⑦ 설비·위생공사

수도의 급수, 사용한 용수의 배수 그리고 화장실의 오수 등과 패널히팅 방식인 경우의 보일러공사

⑧ 주방설비공사

주방내의 가스대, 오븐, 조리대, 배선대 등의 설치공사

⑨ 장식품

이쁘게 꾸미기 위한 각종 사진, 그림, 장식품들

⑩ 냉·온방기기공사

냉방·난방기기 및 기구공사

⑪ 가스공사, 온수기공사

도시가스 회사에서 하는 도시가스공사와 필요한 경우의 순간 온수기공사

⑫ 전화

통신회사가 직접 함

⑬ 간판공사

내·외부 간판의 제작, 설치

공사를 진행하는 방법들

그럼 공사를 어떻게 진행하는가에 대해 얘기해 보자면 다음과 같습니다.

공사를 발주하는 방법은 크게 세 가지 입니다. 하나는 자신이 직접 한 공사씩 분리해서 시키는 방법이 있고, 다른 하나는 업자와 일괄로 계약해서 시키는 겁니다. 그리고 또 다른 하나는 일부는 묶어서 업자에게 시키고 나머지는 직접 시키는 방법입니다.

물론 세가지 방법마다 장·단점이 있고 비용에도 차이가 납니다.

그러면 내 경우에는 어떻게 하는 것이 좋을까? 그건 다음과 같은 기준으로 생각하면 될 것입니다.

그리고 한 가지. 가스공사와 전화공사는 독점체제이므로 해당 회사에서만 시공할 수 있으니 주인이 직접 신청하는 것이 통례입니다.

(1) 일괄로 도급 계약을 해서 진행하는 경우
① 실내 장식에 특별한 컨셉을 추구하고 어떤 일관된 색상, 디자인 등이 총체적으로 통일되기를 원할 때
② 자신이 각 업체를 수배할 주변 지인이 있거나 시간이 없을 때
③ 공사비에 큰 부담을 가지지 않을 때

(2) 자신이 직접 각 해당 업체를 접촉·선정하여 공사를 진행시키는 경우
① 공사의 규모와 범위가 크지 않아서 자신이 관리할 수 있을 때
② 시공 비용을 줄이고 싶을 때

(3) 몇 가지 공사는 묶어서 한 업체에게 도급주고 나머지는 자신이 직접 업체별로 진행하는 경우

첫째와 둘째의 절충형

인테리어 공사비 산정과 실제 추진하는 방법

theme 25

　인테리어 공사비는 정말 하기 나름입니다.

　대략적으로 실평수 132㎡(40평) 정도의 점포를 기준해서 살펴보면 3.3㎡ 기준으로 100~130만원이 일반적입니다. 좀 더 고급으로 하면 더 올라가고 직영처리하거나 분할발주 등의 방법으로 하면 이보다 내려갑니다. 하지만 기존 시설물 철거나 정화조, 전기용량 증설이나 별도의 난이도 높은 조건 등이 있다면 그 폭 또한 커집니다. 또 공사범위에 따라서도 큰 차이가 나긴 합니다.

　당연한 말씀이지만 면적이 크면 내려가고 작으면 평당 공사비는 올라가는게 업계의 공식입니다.

　그럼 각 방식마다 추진하는 방법에 대해서 설명해 보겠습니다.

일괄 도급계약을 하는 방법

　제대로 된 실력 있는 인테리어 회사일수록 설계 및 디자인이 도면으로 제시되고 따라서 시공 후 문제점이 적습니다. 그러나 공사비는 그

만큼 높습니다. 그래도 그렇게 생각보다 크지 않고 제값을 합니다.

인테리어 회사는 너무 너무 많습니다. 하지만 좀 제대로 된 회사를 원한다면 건설업법상 실내건축 면허를 소지한 회사를 찾고 그 회사의 연혁을 꼭 살펴보아야 합니다.

그 다음 이런 식으로 공사를 진행할 경우 명심해야 될 것이 있어요.

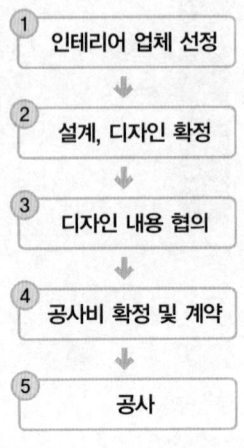

"전문가를 믿고 그 의견에 따르라."는 겁니다. 이 사람들은 인테리어만 전문으로 하는 사람들입니다. 어설픈 눈썰미나 기준으로 자꾸 관여하고 변경하면 작품을 망쳐 버립니다.

다만, 계약에 앞서 공사 범위를 명확히 해야 하겠지요. 그래야 공사가 끝난 후 흔히 발생하는 분쟁의 소지가 없기 때문이죠.

직영처리(자신이 각 해당업체에 별도로 공사시키고 직접 감독하는 경우)

이건 목수, 페인트공 등 이런 식으로 따로따로 하는 것인데, 공사업체는 물론 영세하거니와 조직력도 없습니다. 그러니 이런 여럿을 관리하려면 좀 피곤할 수밖에 없습니다. 자신이 전체를 지휘해야 하니 밥도 챙겨주고, 간식도 챙겨 줘야 하니까요.

이들 공사업체는 지역 전화번호나 정보지 등을 이용하면 됩니다.

대부분 건축 일을 한 업체에 맡기고 일부 직접 발주하는 방식

이건 앞서 설명한 두 경우의 절충형인데, 이런 일을 하는 인테리어 업체는 좀 소규모라는 것 입니다. 잘하면 앞서 설명한 두 가지 경우의 장점은 살리겠지만 잘 못하면 그 반대일 수도 있습니다.

자아. 그럼 어떤 방식으로 진행할 건지 정해졌다고 하고 다시 정리해 보면, 적당한 가게가 떠오르면 정하기 전에 그 가게에 인테리어를 얼마만큼 할 것인지에 대해 미리 생각해야 합니다. 특히 일괄 도급계약으로 진행할 경우 계약하는 날 이미 인테리어 업체가 선정되어 있어야 합니다. 이는 그 업체에게 설계하는 시간을 줘야 하니까요.

잔금을 치르고 나서 내 가게가 되면 마음이 바빠지고 시간과의 싸움이 되는 기분이 들게 마련입니다. 당연하겠지만 영업을 하든 안 하든 월세나 공과금 등은 계속 나가야 하는 고정비니까요. 그러니 가게 구할 때부터 미리 여러 가지 계획을 잘 세워야 됩니다.

여기서 낙수꺼리 몇 마디 말씀드리면 일하는 사람들에게는 음료수 정도는 챙겨주고 계약할 때 식사 포함 여부를 확인해야 합니다. 특히, 일하는 사람들은 중국집 음식을 싫어합니다. 하도 먹어서 그렇죠. 시간이 없어 시켜 줄 경우도 한식으로 시켜 주면 고마워 합니다. 참! 간식은 가벼운 빵과 우유 정도로 하면 됩니다. 이런 귀찮은 것들이 일괄 도급계약 방식으로 하게 되면 그 업체가 다 알아서 하죠.

인테리어 공사할 때 기존에 장사하던 곳이면 찾아오는 손님들이 있기 마련입니다. 무슨 무슨 식당이 언제부터 개업한다는 안내문을 현수막으로 붙이세요. 다만, 개업 날짜는 정확한 날을 기재해야 합니다.

간판공사는 어떻게 할까

간판은 생각보다 비싸기 때문에 쉽게 바꾸기도 또, 가게의 얼굴이기에 아주 신경써야 합니다.

간판은 다음과 같이 분류할 수 있습니다.

간판의 위치별 종류

① 외부 전면 벽(주 간판)
② 외부 상부나 하부(보조간판)
③ 외부 입간판(거리 설치/이벤트성)
④ 실내 안내 간판
⑤ 벽면 메뉴판
⑥ 화장실 안내판(남녀 구분)

재료별 종류

① 파나 플렉스(속에 형광등 넣는 가장 일반적인 형태)

② LED, 네온사인
③ 철판
④ 주물/고무
⑤ 기타 특수 재료(나무, 유리 등)

앞서 인테리어 공사를 설명하며 이미 언급했지만 일괄로 주는 경우에는 인테리어 업체가 주관이 돼서 하게 됩니다. 하지만 보통 직접 맡기는 경우도 많습니다. 이 경우에 대해서 몇 가지 설명하겠습니다.

우선 대부분 간판업체들이 무척 영세하다는 겁니다. 그로 인한 문제점들도 있으니 업체 선택 시 특히 유의해야 합니다.

그러면 이제 슬슬 간판을 준비해 보도록 하죠. 제일 먼저 하여야 할 사항은 상호(가게 이름)를 정하고 관할 시·군·구청에 영업신고와 세무서에 사업자등록을 해야 합니다. 간판의 종류도 다양하고 위치나 크기 등에 따라 신고할 것도 허가를 맡아야 할 것도 있습니다. 그래서 시·군·구청에서 알려준 간판표시방법(일명 설치기준)을 확인하고 간판업체와 협의, 신고·허가신청서류를 준비해서 다시 시·군·구청에 신고 후 그쪽에서 현지 확인 및 허가신고가 나면 간판을 설치해야 합니다. 왜 이렇게 하냐구요? 그냥 간판을 먼저 설치했는데 시·군·구청에서 나와 규정에 안 맞는다고 신고처리를 안 해주면 다시 해야 하니 시간과 돈, 이중부담이 되잖아요.

구청에서 알려준 간판설치규정을 보면 구청 허가 없이 간판을 설치하면 500만원 이하 이행강제금이 부과되고, 20미터 이상 도로변에는 간판이 1개, 일반권역에는 2개로 제한됩니다. 또 간판 조명에 점멸조명을 사용 못하고 1층 가게는 판류형, 2~3층에는 입체형으로 가로간판을 달고 돌출광고는 3미터 이내로 제한하고 있습니다. 이런 간판에 관한 법 규정이 복잡해 보이지만 걱정할 것 없어요. 간판업체는 잘 알고 있으니 협의하면 고민 끝입니다.

자, 다시 본론으로 가죠. 이미 가게 이름은 지어놨죠?

① 먼저 주 간판이 가장 중요한데 여기에 메뉴를 주로 쓸거냐, 상호를 주로 쓸거냐를 정해야 합니다.

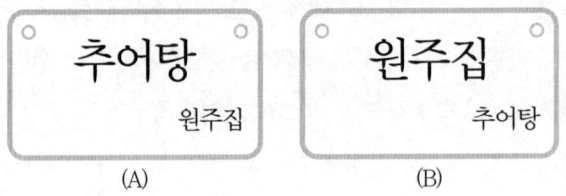

가게 이름이 우선인 것 같아도 특별한 이유가 없는 한 (A)가 (B)보다 나아요.

② 그 다음에는 글씨체인데, 컴퓨터의 한글 서체에서 적절한 것을 찾아 얘기하면 대부분 간판업체들은 그 정도는 보유하고 있고 컴퓨터로 똑같이 제작해 냅니다.

③ 간판 사용 전력에 대해 미리 점검해야 합니다.

간판에 불을 켜는 시간은 의외로 길어서 전기요금이 만만치 않아요. 무조건 많이 켜고 밝게 하는 것보다는 효율성을 생각해야지요. LED가 있어 전기요금 싸다고 하지만, 반면 설치 비용이 비싸잖아요. 또 전압도 380V가 필요한지 미리 확인해야 합니다.

④ 그 다음에 법에 저촉되지나 않는지 확인해야 합니다.

앞서 말씀드린 것이지만 도로 경관 때문에 과도한 붉은 색이든가, 간판 크기, 돌출 간판, 간판 개수 등 법에 제한이 있으니 유념해야 합니다.

⑤ 안전과 관리

특히 외벽면에 부착하는 간판은 강풍이나 또는 너무 낮게 달아서 지나가는 트럭 등에 부딪쳐서 떨어질 염려가 없는지 확인해야 됩니다. 물론 감전을 방지하기 위한 접지도 해야되지요. 간판은 상당히 무겁습니다. 그리고 어차피 전기가 연결되니까 전선의 안전문제도 처음에 설치할 때 주의해야 합니다. 한 번 설치하면 높은 곳에 달려 있어 점검이 어렵습니다.

여기서 간판 타입에 대해 잠깐 말씀드리죠. 플6렉스 타입은 크기(사이즈)에 따라 가격이 정해지고 그림이나 글자를 많이 넣을 수 있는 장점이 있습니다. 또 LED 타입은 수명(약 5만시간)이 길고 전기세가 적게 드는 장점이 있지만 글자당 가격이 책정됩니다. 따라서 글자수를 많이 넣을 수 없는 단점이 있으니 가게 상호만 넣는 경우 아주 적합합니다. 이들 모두 조명형이니 가시성이 좋아 멀리서도 잘 보입니다.

다음은 간판 관리에 중요한 전구 교체 문제입니다. 어차피 전구란 수명이 있는 것이니 형광등이든 백열구든 갈아줘야 하지요. 요즈음은 LED가 대세이지만 모두 다 설치할 수 없고···. 아무튼 그때 어떤 식으로 해야하는지 알아 둬야 합니다. 또 할로겐 램프가 백열등보다, 백열등 전구가 삼파장 전구보다 전기를 훨씬 더 많이 소모합니다. 따라서 처음부터 절전형 전구를 쓰는 것이 좋아요.

영업신고증·사업자등록증·위생교육

theme 27

이제는, 본격적으로 가게 영업 준비를 위해 영업신고와 사업자등록 관련서류를 챙겨야 합니다. 이 서류들을 준비하는 시점은 보통 잔금을 치르고 나서 하면 됩니다.

영업 신고증

이것은 행정적인 관리를 위한 것인데, 각 지역 행정 관련 부처(관할구청)에서 발급해 줍니다. 식당이니 환경위생과가 담당 부서입니다. 신고할 준비 서류는 ① 식품접객업 영업신고 신고서, ② 액화석유가스 사용시설 완성검사필증(LPG

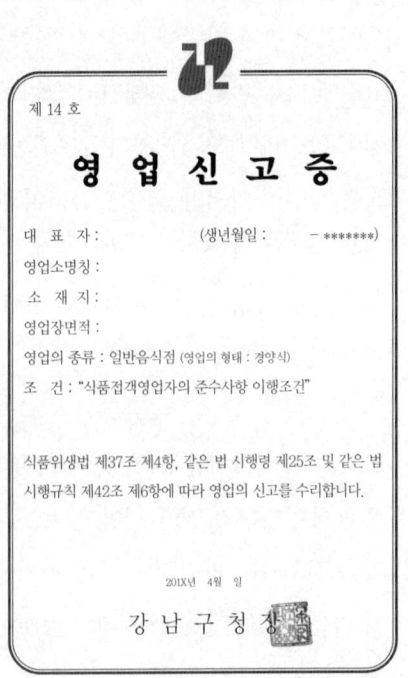

82 PART 01_ 창업 준비와 계획

사용업소-한국가스안전공사 각 지사), ③ 안전시설 등 완비증명서(지하66㎡ 이상 지상2층 100㎡이상-관할 소방서), ④ 위생교육필증(한국외식업중앙회 각 지부), ⑤ 건강진단증(병원), ⑥ 수수료(2만8천원, 면허세 별도, 면적에 따라 다름) 등이 필요하고 영업신고의 흐름은 다음과 같습니다.

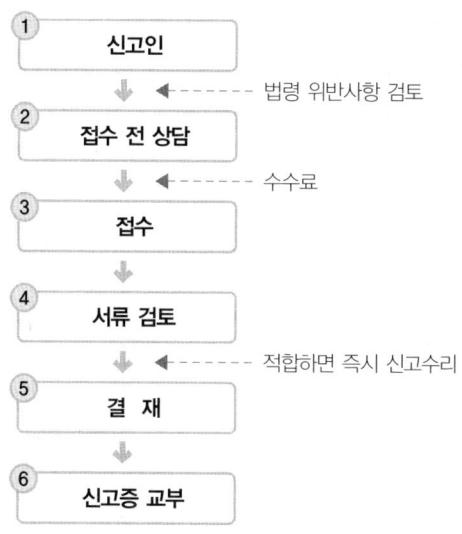

복잡해 보이지요? 하지만 간단하고 특별한 문제가 없으면 신경 쓸 거 없습니다. 행정관서가 적법성 여부를 따지는 법령에는 국토의 계획 및 이용에 관한 법, 축산물폐수법, 농지법, 학교보건법, 옥외광고물법, 하천법, 상수원수질 보호법, 관광진흥법, 청소년보호법, 근로기준법, 주차장법 등입니다.

사업자등록증

이것은 사업을 하려는 사람, 즉 사업자가 갖는 주민등록번호 같은 겁니다. 모든 사업자는 자신의 고유한 번호를 갖게 되고 그것을 사업자등록번호라고 하죠. 모든 사업자는 국세청에서 관리하기 때문에 발급은 해당지역 세무서입니다. 여기에는 대표자의 인적 사항과 업태, 종목이라는 것이 있는데 업태는 '음식', 종목은 '한식이나 중식' 이런 식입니다. 그런데 가게를 하려면 사업자등록을 관할 세무서에 신고하여야 하는데, 그 사업의 규모

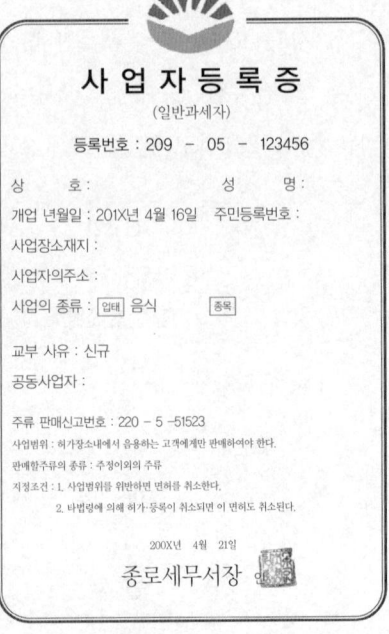

에 따라 일반과세자 또는 간이과세자로 구분합니다. 물론 주식회사와 같이 큰 규모로 사업을 하려면 당연히 법인사업자로서 일반과세자가 되겠지요.

(1) 사업자등록을 하는 방법

모든 사업자는 사업을 시작할 때 반드시 사업자등록을 해야 합니다. 이는 내가 이러이러한 사업을 한다는 것을 관할 세무서에 등록하는 것이지요. 또 사업자등록은 사업장마다 해야 합니다. '얼짱순대국집'을 서초동에도 내고 김포공항에도 낸다면 사업장이 두 곳이니 각각의 사업장마다 별도로 사업자등록을 해야 합니다.

그리고 사업을 시작한 날로부터 20일 내에 다음의 서류를 준비해 관할 세무서 납세서비스센터에 신청하면 즉시 사업자등록증을 내 줍니다. 이때 임대차계약서 검인도 받도록 하세요.

또한 온라인으로 편리하게 국세청 홈텍스(www.hometax.go.kr)에 가입하여 공인인증서를 통해 인증 후 사업자등록을 신청할 수도 있습니다. 이 경우 임대차계약서나 사업 인·허가 관련 서류 등을 스캔하여 파일로 만든 다음 신청화면에서 파일 첨부를 하면 됩니다.

(2) 사업자등록 신청 시 구비서류

① 사업자등록신청서 1부(세무서 납세서비스센터에 비치)
② 임대차계약서 사본 1부(사업장을 임차한 경우)
③ 사업허가증·등록증·신고필증 사본1부(허가를 받거나 등록 또는 신고를 하여야 하는 사업의 경우)
④ 2인 이상이 공동으로 사업을 하는 경우에는 공동사업 사실을 증명할 수 있는 서류(동업계약서 등)

(3) 사업을 시작하기 전에 사업자등록도 가능

사업을 시작하기에 앞서 가게에 필요한 상품이나 시설자재 등을 구입하면서 세금계산서를 교부받고자 할 경우에는 예외적으로 사업을 시작하기 전에도 사업자등록을 할 수 있어요. 이 때에는 사업허가신청서 사본이나 사업계획서를 첨부하여 사업자등록을 신청하면 됩니다. 그런데 이 경우도 사업을 시작할 것이 객관적으로 인정되어야 사업자등록증을 교부해 준다는 점을 꼭 기억하세요.

(4) 사업자등록신청서 작성 시 유의할 사항

사업 개시 전에 일반과세자로 할 것인지 간이과세자로 할 것인지가 중요합니다. 이는 사업을 하게 되면 대다수 부가가치세를 내야 하기 때문이지요. 특히 음식점은 모두 부가가치세 과세대상입니다.

그래서 사업자등록을 신청할 때에는 사업자 유형을 먼저 생각해야 하는 것이고, 사업자 유형에 따라 부가가치세 신고방법이나 내야 할 세부담 등이 달라지므로 자신의 사업에 맞는 유형을 잘 판단하여 신청해야 됩니다.

부가가치세 과세사업자는 일반과세자와 간이과세자로 구분되는데, 부가가치세 과세사업을 하면 일반과세자로 되는 것이 원칙이지만 영세한 소규모 사업자의 신고편의 및 세부담 경감을 위해 간이과세제도라는 것이 있어요. 그래서 연간 매출액(공급대가)이 4,800만 원 미만일 것으로 예상되면 간이과세자로 신청하면 되고, 그렇지 않으면 모두 일반과세자가 되는 겁니다. 흔히 말해 소규모 가게로 장사하면 간이과세자로, 조금 크게 하면 일반과세자로 하면 되지요.

건강진단과 위생교육

음식점을 하는 경우 종사자들은 건강진단을 받아야 하는데, 유흥업소나 휴게실업 또는 식품제조가공업소의 업주나 종사자들도 마찬가지입니다. 또 식품위생에 대한 교육도 받아야 합니다. 사장이 직접 받는 것이 원칙이지만 영업에 직접 종사하지 않거나 2곳 이상에서 영업을 하는 경우 종업원을 지정하여 교육을 받게 할 수 있습니다.

개업 준비_ ❶
주방기구 및 그릇 준비

주방기구와 집기, 그릇 등은 업종이나 규모 또 메뉴에 따라 많은 차이가 있어요. 다음 페이지에서 보면 레스토랑의 경우 주요항목이지만 각 식당에서 대략 주방기구의 종류라든가 각종 집기 등의 품목을 기본적으로 정리해서 빠뜨리는 일이 없도록 예방하기 위해 목록으로 적어 보았습니다. 그릇 종류도 마찬가지입니다.

여기에서 다음과 같이 분류하였습니다.

① 주방장비

② 주방기구

③ 주방의 전기기구

④ 주방 내 접기

⑤ 홀(Hall) 용 집기

주방장비는 가격은 물론 편이성, 안전성, 내구성 등을 따져서 정해야 합니다. 저의 경험으로는 가스오븐 중에 D사 제품은 점화 성공률이 나쁜 것 같습니다. 점화가 안될 때는 얼마나 신경질 나는데요.

주방장비   (필요한 사항을 잊어먹지 않게 ∨ 체크)

- ☐ SINK
- ☐ 개수대
- ☐ 조리대
- ☐ 버너
- ☐ 오븐+가스렌지
- ☐ 냉장고
- ☐ 냉동고
- ☐ 고기 CUTTER 등
- ☐ HOOD

주방기구

- ☐ 도마(대) – 재질별
- ☐ 톱니 칼
- ☐ 계량 스푼
- ☐ 도마(중) – 재질별
- ☐ 숫돌
- ☐ 계량 컵(대)
- ☐ 보조도마 – 재질별
- ☐ 숫돌(세)
- ☐ 계량 컵(소)
- ☐ 고기용 큰 칼
- ☐ 야채껍질 CYTTER
- ☐ 저울 – 종류별
- ☐ 생선용 칼
- ☐ 생선 비늘 제거기
- ☐ 칼 집
- ☐ 야채용 칼
- ☐ CAN OPENER
- ☐ 칼 갈이
- ☐ 절단용 대칼
- ☐ 병 OPENER
- ☐ 과일용 소칼
- ☐ 콜크마게 OPENER

주방 전기기구(HALL 포함)

- ☐ MIXER
- ☐ DISH DRYER
- ☐ 정수기
- ☐ GRINDER
- ☐ 소독기
- ☐ CUTTER
- ☐ 전기밥솥, 압력밥솥

주방용 집기

- ☐ COFFEE MAKER
- ☐ 찌개냄비(4인용)
- ☐ 수세미
- ☐ 후라이 팬 – 뚜껑 있는 것(규격 별)
- ☐ 채(규격 별)
- ☐ 솔
- ☐ 주걱
- ☐ 거품기(대·소)
- ☐ 후라이 팬 – 뚜껑 없는 것(규격 별)
- ☐ 주걱(구멍)
- ☐ 행주(재질 별)
- ☐ 국자(소)
- ☐ 소창
- ☐ 찌개냄비(1인용)
- ☐ 스테이크 망치(대·소)
- ☐ 고무장갑
- ☐ 찌개냄비(2인용)
- ☐ 집게(대·중·소)
- ☐ 면 장갑

- ☐ 비닐장갑(일회용)   ☐ 소쿠리   ☐ 찜통(규격 별)
- ☐ 믹싱볼   ☐ 찜통   ☐ 스프중탕
- ☐ 위생복(앞치마)   ☐ 석쇠   ☐ 쟁반
- ☐ 밀대   ☐ 양념 보관통

HALL용 집기

- ☐ 구이용 철판   ☐ 이동식 RANGE   ☐ 쟁반(소)
- ☐ 접시(대)   ☐ 숟가락   ☐ 양초
- ☐ 접시(중)   ☐ 젓가락   ☐ 커피 잔+잔 받침
- ☐ 접시(소)   ☐ SPOON   ☐ 커피스푼
- ☐ 앞 접시   ☐ FORK   ☐ 언더럭스 잔
- ☐ BALL형 접시(스프 용)   ☐ KNIFE   ☐ 스트레이트 잔
- ☐ 밥그릇   ☐ 버터 나이프   ☐ 소주잔
- ☐ 국그릇   ☐ 수저 받침   ☐ 와인잔
- ☐ 샐러드 접시   ☐ 꼬치   ☐ 코냑잔
- ☐ 김치 접시   ☐ 후추통   ☐ 물잔
- ☐ 반찬 접시   ☐ 소금통   ☐ 재떨이
- ☐ SOUCE DESPENSER   ☐ 양념통   ☐ 물통/주전자
- ☐ 냅킨 통   ☐ 얼음 바스킷+집게
- ☐ 빵 바구니   ☐ 쟁반(대)

　이렇게 적고 보니 무지하게 많지요? 하지만 위에 리스트는 전반적인 것에 불과합니다. 그 중에서 더하고 빼고 해야지요.

　홀에서 쓰는 각종 집기류는 손님에게 직접 내놓는 것들이어서 여러 가지 신경이 쓰이기 마련입니다. 특히 초짜들이 흔히 빠지기 쉬운 실수가 테이블에 나가는 물건들이라 모양을 위주로 선택하는 거지요. 예를 들면, 식당에서 흔히 보는 스텐 젓가락이 싫어서 사각형의 예쁜 것

가락을 쓴다면 닦는 데 아주 힘들어요. 예쁜 모양도 좋지만 기능성과 관리의 편이성도 함께 고려해서 선택하도록 하는 것이 금상첨화가 아닐까요?

그러면 어떻게 하면 각종 집기를 효과적으로 구입할 수 있을까요? 저의 경험으로 조언을 드리면 우리나라에서 그릇을 전문적으로 취급하는 곳은 크게 두군데입니다. 즉, 다들 잘 아시는 남대문시장과 중앙시장입니다. 제가 개업 전에 제법 시간을 갖고 전부 조사해본 결론을 말씀드리면, 남대문이 중앙시장보다 종류가 다양합니다.

또 구입 요령으로 가능하면 남대문에 가서 어느 한 곳을 정해 그곳에서 구입하는 것을 추천드립니다. 만약 자기 가게에 물건이 없다면 다른 곳에서 구해서도 줍니다.

개업 준비_ ❷
식자재 리스트 정하기

식품 재료의 종류는 상당히 많아서 일일이 알기도 어렵고 빠뜨리기 쉬워요. 다음의 리스트는 한식, 양식, 중식 등을 망라한 식품 재료 리스트입니다. 이 중에는 쓰이는 것도 있고 아닌 것도 또한 빠진 것도 있을 것입니다.

다만, 이 리스트의 목적은 좀 더 빠른 시간에 자기 식당의 식자재를 목록으로 만들라는 뜻이므로 참고하세요.

식품 재료 리스트의 분류는 다음과 같은 큰 항목으로 구분했습니다.
① 육류, 어류
② 곡물 및 면류
③ 야채 및 과일
④ 버섯류
⑤ 해산물
⑥ 기본양념·장류·김치류

⑦ 기름·유가공·육류

⑧ 향신료·주류·수입품

⑨ 기타(커피·설탕류)

구체적으로 다시 살펴보면 다음과 같습니다.

육류, 어류 (필요한 사항을 잊어먹지 않게 V 체크)

- ☐ 소고기
- ☐ 닭고기
- ☐ 돼지고기
- ☐ 소고기 국물용
- ☐ 소고기 다짐육
- ☐ 생선류

곡물 및 면류

- ☐ 쌀
- ☐ 완두콩
- ☐ 전분
- ☐ 보리쌀
- ☐ 깨
- ☐ 빵가루
- ☐ 밀가루(강력분)
- ☐ 검은 깨
- ☐ 옥수수 캔
- ☐ 밀가루(중력분)
- ☐ 찹쌀
- ☐ 당면
- ☐ 튀김가루
- ☐ 할맥
- ☐ 빵
- ☐ 소면/중면
- ☐ 밀가루(박력분)

야채 및 과일

- ☐ 배추
- ☐ 깐 마늘
- ☐ 양상추
- ☐ 작은 배추
- ☐ 일반고추
- ☐ 청피망
- ☐ 무
- ☐ 청양고추
- ☐ 감자
- ☐ 통마늘
- ☐ 조림고추
- ☐ 단호박
- ☐ 다진 마늘
- ☐ 홍고추
- ☐ 생강
- ☐ 알갈이
- ☐ 양파
- ☐ 시금치
- ☐ 양배추
- ☐ 대파
- ☐ 달래
- ☐ 알타리무
- ☐ 쪽파
- ☐ 상추

- ☐ 깻잎
- ☐ 고추잎
- ☐ 청경채
- ☐ 홍피망
- ☐ 가는 피망
- ☐ 애호박
- ☐ 당근
- ☐ 미나리
- ☐ 쑥갓

- ☐ 냉이
- ☐ 숙주
- ☐ 취나물
- ☐ 무순
- ☐ 셀러리
- ☐ 치커리
- ☐ 부로커리
- ☐ 파슬리
- ☐ 토마토

- ☐ 방울토마토
- ☐ 키위
- ☐ 배
- ☐ 포도
- ☐ 오렌지
- ☐ 유자껍질
- ☐ 연근

버섯류

- ☐ 양송이
- ☐ 양송이 캔
- ☐ 팽이버섯
- ☐ 석이버섯

- ☐ 송이
- ☐ 느타리버섯
- ☐ 표고버섯
- ☐ 싸리버섯

- ☐ 새송이
- ☐ 기타 버섯

해조류 및 해산물

- ☐ 멸치
- ☐ 다시 멸치
- ☐ 굴
- ☐ 대하
- ☐ 잔 새우
- ☐ 중 멸치
- ☐ 게

- ☐ 말린 새우
- ☐ 갑오징어
- ☐ 오징어
- ☐ 조개류
- ☐ 중 새우
- ☐ 소라
- ☐ 랍스터

- ☐ 참치 캔
- ☐ 건해삼
- ☐ 다시마
- ☐ 해삼
- ☐ 김
- ☐ 미역
- ☐ 해초

양념, 장류, 김치

- ☐ 간장
- ☐ 소금
- ☐ 고춧가루(대)

- ☐ 재래된장
- ☐ 흑 통후추
- ☐ 잣(통)

- ☐ 흑설탕
- ☐ 물엿
- ☐ 무김치

- ☐ 파김치
- ☐ 각설탕
- ☐ 봉지설탕
- ☐ 무 절임
- ☐ 맛술
- ☐ 배추김치
- ☐ 땅콩
- ☐ 백김치
- ☐ 물김치
- ☐ 국 간장
- ☐ 오이지
- ☐ 단무지
- ☐ 맛소금
- ☐ 식초
- ☐ 겨자
- ☐ 고춧가루(소)
- ☐ 꽃소금
- ☐ 케첩
- ☐ 후추가루
- ☐ 백 후추가루
- ☐ 죽염
- ☐ 백 통후추
- ☐ 깨소금
- ☐ 된장
- ☐ 잣가루
- ☐ 백설탕

기름, 유가공, 육가공류

- ☐ 식용유
- ☐ 버터
- ☐ 일회용 버터
- ☐ 마아가린
- ☐ 치즈
- ☐ 가루치즈
- ☐ 마요네즈
- ☐ 참기름
- ☐ 들기름
- ☐ 홍화유
- ☐ 해바라기 기름
- ☐ 올리브유
- ☐ 우유
- ☐ 요구르트
- ☐ 생크림
- ☐ 계란
- ☐ 고추기름
- ☐ 햄
- ☐ 소세지
- ☐ 베이컨

향신료, 주류, 수입품

- ☐ 레몬
- ☐ 타바스코
- ☐ 게살 통조림
- ☐ 일본 된장
- ☐ 로즈마리
- ☐ 양송이 통조림
- ☐ 굴 소스
- ☐ 엔초비
- ☐ 가다랑어가루(까스오부시)
- ☐ 닭 요리소스
- ☐ 그린올리브유
- ☐ 후렌치드레싱
- ☐ 파 기름
- ☐ 백포도주
- ☐ 꿀
- ☐ 후유
- ☐ 맛술
- ☐ 페퍼콘
- ☐ 흰후추가루
- ☐ 레몬즙
- ☐ 부케가로니
- ☐ 레드와인 식초
- ☐ 중국 된장
- ☐ 쿠르톤
- ☐ 홀 토마토
- ☐ 두반장

- ☐ 우스타 소스
- ☐ 허브드레싱
- ☐ 계피가루
- ☐ 크로브
- ☐ 타라콘
- ☐ 넛맥
- ☐ 화이브
- ☐ 바질
- ☐ 고수
- ☐ 해바라기 기름
- ☐ 고추씨 기름
- ☐ 통흰후추
- ☐ 발시믹 식초
- ☐ 강남콩
- ☐ 토마토 페이스트

- ☐ 죽순 통조림
- ☐ 아스파라거스 통조림
- ☐ 영콘 통조림
- ☐ 삭스핀
- ☐ 적포도주
- ☐ 청주
- ☐ 레몬 쥬스
- ☐ 땅콩버터
- ☐ 칠리 소스
- ☐ AI 소스
- ☐ 생강즙
- ☐ 월계수 잎
- ☐ 레리시
- ☐ 정향
- ☐ 디종머스터드

- ☐ 허브
- ☐ 타임
- ☐ 올리브유
- ☐ 블랙올리브
- ☐ 커리 가루
- ☐ 통후추
- ☐ 트뤼폰 식초
- ☐ 켄 토마토
- ☐ 오미자
- ☐ 닭 소스가루
- ☐ 스파게티
- ☐ 참치
- ☐ 생강즙

기타

- ☐ 원두커피
- ☐ 홍루
- ☐ 각설탕
- ☐ 커피
- ☐ 프림
- ☐ 얼음
- ☐ 녹차

개업 준비_ ❸
초도 물품 정하기

초도 물품이라는 것은 장사를 시작하면서 처음에 사입하는 식자재를 뜻합니다. 그런데 앞서 분류한 각 항목으로 나열해 보았지만 식자재의 종류가 무지하게 많지요? 이 목록에 있는 것을 전부 준비해야 하는 것도 아니거니와 일단 준비하면 양념류 같은 것은 오랫동안 쓰는 거잖아요.

주방을 자신이 맡을 거면 자신이 정하면 되지만 만약 주방의 조리담당(주방장)이 따로 있다면 그 사람과 의논해야 합니다.

우선 이 책에 있는 품목에서 필요한 것만 추려내고 그것에다 자기의 식당에서 필요한 특별한 재료를 보충하면 됩니다. 그렇게 해서 리스트가 만들어지면 그 옆에 초도 물품의 수량을 정하면 되지요.

이것을 정하는 데는 다음과 같은 몇 가지 원칙에 따라 하면 보다 효율적입니다.

① 과다한 양을 들이지 않는다.

② 사용 여부가 불분명한 품목은 들이지 않는다.
③ 주자재의 사입처. 예를 들면 닭고기가 주 메뉴라고 하면 닭고기는 가능한 한두 군데 이상의 거래처를 확보한다.
④ 재료별로 신선도 유지가능 시간을 염두에 두고 사입한다.

식재료는 앞으로도 계속 사입해야 되니까 뒤에서 영업 중 사입에 대해서는 다시 언급할 것입니다.

개업 준비_ ④
개업 홍보

개업을 알리는 홍보는 상당히 중요합니다. 정치권의 선거 운동과 유사점이 있어요.

흔히들 사용하는 '바람과 세몰이' 같은 겁니다. 그래서 요즈음은 작은 가게들도 이벤트 회사에 맡기기도 하지요. 내 가게를 알리는 것을 결코 가볍게 생각해서는 안 됩니다.

친지

가족들이나 친구, 동창, 교우 등 자기 주위의 친지들은 대개 개업하기 전에 알게 되고 자연스럽게 개업 때 오게되는 법인데, 손님으로서의 친지에 대해서는 별도로 언급하겠습니다.

그런데 자신의 친지가 많다면 개업날 당일에 전부 오게 하지는 말라는 겁니다. 예를 들면 조금 먼 사이인 향우회, 동창회는 당일에 오게 하고 가장 편한 사이인 가족, 친척들은 나누어서 오게 하는 거지요. 장사가 잘되는 가게 분위기가 며칠 계속 되는 것이 좋기도 하거니와 주인인 본인이 그 사람들에게 대접하고 대화도 나누려면 이를 분산시키는 것이 좋아요.

근처에서 근무하는 사람들

제일 중요한 고객층이고 사실 이 사람들이 가게의 주 타킷입니다.

불특정 다수

뭐 다른 말이 아니고 흔히 뜨내기라고 부르는 대상입니다.

이렇게 대상자를 크게 세 부류로 나눌 수 있고 그에 따른 개업 홍보방법은 자연히 달라져야겠지요.

그럼 개업을 알리는 홍보방법은 어떤 것이 있을까요? 두 가지로 나눌 수 있는데, 가게 자체에서 하는 방법과 외부에서 하는 방법입니다.

가게 자체에서 하는 개업 홍보방법

(1) 이벤트 회사 동원

개업 직후에 가게에 사람들이 북적거리는 것은 상당한 의미가 있어요. 그리고 광고 효과도 개업 직후가 가장 크기 때문에 이때 이벤트 회사를 이용하는 경우가 많습니다.

이벤트 회사에서는 장식물 등을 설치하거나 움직이는 풍선 광고, 키다리 아저씨나 춤추는 무희 등을 파견하고 그에 필요한 음향장비 등도 가져옵니다. 길거리에서 자주 봤을테니 잘 아시겠지요? 하지만 내 자신이 막상 하려면 어떻게 할까 걱정이 앞서기도 합니다.

보통 이 경우 사람은 시간당으로, 설치하는 시설은 일당으로 계산되는데 며칠 동안 이벤트를 하느냐는 주인장이 잘 판단해야 됩니다. 쉽게 얘기해서 기본적으로 몇 십만 원 정도는 들고 다양하게 하면 이백만 원 정도 들어갑니다.

(2) 개업 선물

개업 선물이란 결국 가게를 알리자는 뜻으로 예전에는 라이터를 많이들 했는데, 근래에는 금연 열풍이어서 좀 그렇잖아요.

그거말고는 볼펜이나 부채, 메모지 정도가 생각나는데, 저 개인적인 생각으로는 어차피 변변한 선물은 단가 관계로 못할 바에야 안 하는 것이 어떤가 싶어요. 물론 개업 선물을 할 작정이라면 이런 아이템들을 전문적으로 취급하는 판촉물 회사와 접촉하는 것이 좋아요.

(3) 특별한 음식준비

개업 선물에 대해서는 약간 회의적인 의견을 피력했지만 개업 때 찾아온 손님에게 좀 특별한 음식을 별도로 제공하는 것은 권하고 싶어요. 식당의 업종이나 메뉴 등에 따라 다를 수 있지만 가장 보편적인 것이 떡이지요. 떡은 워낙 무슨 행사든 꼭 끼는 음식인 것이 우리네 정서이다 보니 가장 무난하다고 봅니다.

떡도 가장 보편적인 시루떡도 있고 조금 성의가 있게 작은 절편이나 송편을 곁들여서 찾아온 손님에게 별도로 낼 수도 있지요.

그리고 떡을 하면 좋은 점 중 하나는 가게 인근의 또 다른 가게라든가, 같은 건물을 쓰는 사람들에게도 홍보 인사 겸해서 보낼 수 있어요. 물론 떡은 떡집에 미리 주문해야 하는데 가능한 한 맛있는 집으로 해야겠지요. 어떻게 맛있는 집을 아냐고요? 대부분 주부들은 알거니와 유명한 떡집(예 : 낙원떡집 등)을 이용하던가 아니면 근처 떡집의 떡을 시식해 보면 압니다. 음식점 메뉴와 떡과는 상관 없어도 음식이라는 공통분모가 있어서 중요합니다.

그 다음에는 외부에 하는 개업 광고를 생각해 볼까요?

외부에서 하는 개업 광고

가장 고전적인 방법이 인쇄물(전단지) 등을 쓰는데, 요즈음에는 전단지에다 껌이나 사탕, 봉지커피 같은 것을 붙여서 주는 경우도 있어요.

전단지를 전문적으로 배포하는 회사에 용역을 주는 것이 일반적인데, 주변의 분위기도 알 겸 한 번은 본인이 직접 돌리는 것도 좋아요. 사무실이나 아파트, 주택 등에 적극적으로 투입하고 사람들이 가장 붐비는 곳에서는 직접 배포하는 방법이 좋아요. 물론 남의 문에 붙이는 경우 비닐 테이프를 써서 쉽게 떼어낼 수 있게 해야겠지요.

그리고 광고효과는 의문이지만 전단지를 가져오면 10% 할인해 준다고 귀퉁이에 인쇄하는 것도 자주 사용하는 한 방법입니다.

그 밖에 언론매체, 예를 들면 지역 케이블 방송이나 지역광고지 등에 광고를 낼 수도 있고, 전단지를 신문에 끼워서 돌리는 방법이 있는데, 요즘 인터넷으로 신문을 보게 되니 점점 효과가 떨어집니다.

참고로 가게와 가까운 곳에는 이미 언급하였듯이 떡을 돌리는데, 떡에 전단지를 넣고 랩으로 한 번 감아주는 성의는 보여야겠지요.

개업 준비_ ❺
종업원 구하기

　　　　　종업원을 구하는 것에 대해 얘기하기 전에 한 가지 강조하고 싶은 것은 가능한 한 친척이나 친구 등은 쓰지 말라는 겁니다. 그 이유는 사장과 종업원은 역시 그런 관계(상하관계)가 제일 좋습니다. 자칫 잘못하면 서로가 어려운 입장에 빠질 수 있어요. 이 이야기는 사업해 본 사람들은 다들 하는 소리니까 명심해야 합니다.

　종업원은 주방 인원과 홀 인원으로 나눌 수 있고 필수 요원과 아닌 사람으로 나눌 수 있습니다. 우선 제일 중요한 것이 주방장입니다. 프랜차이즈라든가 연고가 있는 경우에는 별도로 뽑지 않아도 되는 경우도 있지만 대개는 직접 뽑아야 됩니다. 그 외에 주방 보조라든가 설거지만 전문으로 하는 사람(일본말로 아라이) 또는 숯불만 피는 사람(장치) 등이 있고, 홀에는 총괄하는 매니저나 지배인급에서 서빙하는 사람 그리고 캐셔라고 하는 카운터 담당 등이 있습니다.

　업종에 따라서는 배달만 전문으로 하는 배달직에서 주차장에서 주차해 주는 주차 요원 그리고 큰 가게인 경우에는 현관에서 안내하는 사람까지 필요하지요.

자아. 그럼 우리 식당에는 어떤 사람들이 필요할까요?

그것은 식당의 크기, 메뉴, 영업시간에 따라 정해져야 하는데 제일 중요한 것은 인원을 적정하다고 생각되는 것보다 더 적게 써야 합니다. 다시 말해 식당의 피크타임(Peak Time)은 점심과 저녁이라고 할 수 있는데, 이 바쁜 시간대를 기준해서 인원을 두지 말라는 겁니다.

실제 식당 운영에서 차지하는 인건비 비중은 상당합니다. 단순히 '월급 얼마다' 라고 생각하면 착각입니다. 매달 나가는 월급과 함께 부수적인 경비인 4대보험이나 식비, 의류비, 교통비, 퇴직금, 떡값 등 한 사람 일 시키는 데 지출되는 돈이 제법된다는 점을 기억해야 합니다.

또한 홀 서빙 요원이나 주방 보조, 설거지 등을 맡을 중국 동포(조선족)의 채용은 요즈음 기본이기에 괜한 편견(?)을 가지면 안 됩니다. 인건비도 인건비겠지만 사람 구하기가 힘드니 우리나라 사람만으로 식당 운영하기 어려운 것은 어제오늘 일이 아니니까요.

어쨌든 오픈 시 최소의 인원으로 운영하기로 하고 주방은 미리미리 준비하는 방안으로, 홀서빙은 바쁜 시간대에 아르바이트를 쓰는 것으로 대처하면 됩니다.

자아. 그럼, '월급제 직원과 아르바이트 중에서 어떻게 할 것인가' 하는 문제가 대두되는데, '사람' 관리문제는 중요한 식당 관리사항 중에 하나이니 뒤에서 다시 자세히 설명드리겠습니다(참조 230p).

개업 준비_ ❻
직원 구하는 방법

전문적인 인력 소개업소 이용

주방장에서부터 서빙, 설거지 아줌마까지 바로 소개해주는 소개업소가 상당히 많습니다. 이러한 인력 소개업소는 회원 입회비(정기회비)라고 해서 지역이나 업소에 따라 차이가 있지만 연간 10만원에서 30만원(6개월 15만원 등) 정도를 받고 사람을 소개해주고 있습니다.

생활정보지 이용

벼룩시장, 가로수 등의 통상적으로 길거리에서 자주 보게 되는 생활정보지에 구인광고를 내서 사람을 구하는 방법입니다. 그 비용은 지역이나 광고 크기나 위치, 게재 일수마다 다른데 보통 일주일 정도에 몇만원쯤 합니다.

인터넷 등에 올리는 방법

요즈음 인터넷으로 사람 구하고 일자리 찾는 구인구직사이트나 아르바이트사이트가 너무나 많습니다. 또 스마트폰으로도 앱을 통해 편리하게 사람을 구할 수 있고 비용도 그리 높은 편이 아니니 한번 이용해 볼만합니다.

공공기관 이용

가까운 구청이나 주민센터 등에도 구직 담당이 있으니 알아볼 필요가 있습니다.

교육기관, 요리학원에 신청

무척 많은 요리학원들이 있고 그 수강생도 상당히 많습니다. 그들은 음식점에 뜻을 둔 사람들이라 식당 취업에 적극성을 갖고 있고 앞으로는 특히 이런 경로를 통한 취업이 증가할 것입니다. 물론 여성인력개발센터나 각 기관, 언론사, 문화센터 등에서 하는 조리자격증과정이나 요리교실 수강생 중에도 취업을 원하는 사람은 많이 있습니다.

소개

가장 원시적(?)인 방법이고 어지간하면 이 방법은 피하는 것이 좋습니다.

개업 준비_ ❼
채용 시 주의할 점

　　　　　사람 꼬락서니 보기 싫은 것 같이 힘든 일도 없을 것입니다. 그러니 처음 직원 뽑을 때 보다 신중해야 됩니다. 그리고 면담은 꼭 해야 됩니다.

　면담 시에 주안점은
　① 해야 할 일에 대한 경험이나 실력
　② 용모와 건강
　③ 월급과 근무시간
　④ 확실한 신원

　이런 것들이 중요한 사항이지만 그보다 더 중요한 것은 그 사람의 됨됨이입니다. 어느 인간 사회에도 다 마찬가지지만 특히 식당에서 같이 근무한다는 것은 다른 조직보다는 상당히 좁고 밀도가 높은 공간에서 이루어지는 인간관계이기 때문에 더욱 그렇습니다.

　손님한테는 물론이지만 그에 못지 않게 직원들 간에도 원만해야 됩니다. 그렇지 못하면 일하는 것이 더 힘들어 집니다.

사실 잠깐의 면담으로 그 사람의 됨됨이나 신원을 다 파악하기는 어렵습니다, 하지만 아흔아홉마리 착한 사람들 속에 숨어 있을 수 있는 한 마리의 늑대와 같이 있을 수는 없지요. 물론 가족관계와 같은 몇 가지를 물어보면 대강 감은 잡히지만 그래도 그것만으로는 안 되지요. 채용이 결정되면 주민등록 등본 하나는 꼭 떼서 오게 하고 만약 여의치 않으면 주민등록증이라도 복사해 놓아야 합니다. 이건 사람을 못 믿어서라기보다 믿기 위해서 입니다. 서로 믿을 수 있는 기본은 해놓고 그 다음에 가족 같이 지내야 하는 거지요. 또 4대보험에도 들어야 하기에 필요합니다.

또한 중국 동포(조선족)를 고용하는 데는 몇 가지 좋은 점이 있습니다. 우선 급료가 좀 싸고 이직률이 적고 노동생산성도 괜찮죠. 식당에서 일할 한국 사람 구하기 어려워 중국 동포를 쓰긴 써야 하지만 만약 쓸려면 그 사람에 대해 좀 더 상세히 알아보고 써야 하고 특히 건강상태는 체크해야 됩니다. 누가 뭐라지 않아도, 정부에서 강제로 규제하지 않아도 식당하는 사람은 철저한 위생관리를 해야하는 것은 기본적인 덕목 아니겠어요?

또 직원을 채용하는데 기억해둬야 하는 것은 약속을 완전히 믿지 말라는 겁니다. 쉽게 얘기하면 만나서 결정하고, 약속까지 하고서 당일에 출근하지 않아요. 월급도 정하고 자기가 언제부터 근무 시작하기로 해놓고 연락도 없이 출근하지 않는 사람들이 많이 있다는 것을 기억해 두세요. 기막힌 일이지요.

개업 준비_ ❽
종업원의 복장

자아. 이제 사람도 구해졌으니 옷을 입혀야겠지요.

옷을 입히는 이유(유니폼)

그거야 뭐, 물론 손님들에게 깨끗한 인상을 주기 위해서지요.

이 외에도 주방 근무자에게는 위생적으로 하기 위해서고, 그 밖에 중요한 이유 중에 하나는 직원들이 옷에 대한 걱정을 하지 않도록 하려는 배려입니다.

종업원 복장의 구분

복장이라는 것은 캡, 옷, 앞치마 그리고 신발이지요. 그리고 주방 근무자와 홀 및 기타 근무자로 나눌 수 있어요.

주방 근무자, 특히 아줌마들이 평상복 입고 근무하는 시대는 지났어요. 주방 아줌마가 제일 취약하니 주방 아줌마부터 얘기하겠습니다.

주방 아줌마 머리에는 꼭 캡을 씌워야 됩니다. 그 이유는 머리카락 때문이고, 상의는 위생복을 입히고 물을 많이 다뤄야 하는 분은 비닐 앞치마와 장화를 꼭 신도록 해야 합니다. 물론 요즈음 예쁜 색상의 앞치마, 장화가 많이 나와 있어요. 더러워질 것을 생각해 장화를 시키면 색깔로 하지 마세요.

또한 중요한 것 중 하나가 장갑인데, 얘기가 나왔으니까 장갑 얘기 좀 하고 지나가겠습니다. 한마디로 고참일수록 장갑을 잘 껴요. 초보들은 답답하다고 처음엔 안 끼는 사람도 많아요. 그리고는 결국 자기 피부를 손상시키지요. 장갑은 피부 보호가 우선이지만 위생이나 안전에도 중요합니다. 장갑은 가장 기본적인 고무장갑, 면 장갑, 그리고 한 번 쓰고 버리는 일회용 장갑, 고온의 물체를 잡을 수 있는 방열 장갑 등이 있어요.

맨손 위에 고무장갑을 그냥 끼는 것보다는 면 장갑을 먼저 끼고 그 위에 끼는 것이 좋아요. 그리고 면 장갑은 여러 컬레를 쓰다가 더러워진 것은 삶아서 다시 써야지요. 대부분의 고무 장갑은 오른쪽 것이 먼저 구멍나서 못쓰게 되고 왼쪽만 많이 남게 됩니다. 이럴 때는 뒤집으면 오른쪽 것이 되니 그렇게 쓰면 됩니다.

그 밖에 주방 직원들은 식당에 걸맞는 복장을 하면 됩니다. 흰색이 가장 무난한데, 청결하게 유지하기가 신경이 쓰입니다. 근래에는 암청색같은 앞치마를 하는 경우가 많아요.

서빙을 담당하는 직원들, 주로 여자인 경우가 많은데 단정한 복장이면 됩니다. 다만, 가게가 작으면 유니폼은 안 입혀도 상관없지만 제발 땡땡이 칼라 앞치마나 소주 광고있는 앞치마는 쓰지마세요. 그리고 여종업원에게 치마를 입힐 경우에는 필히 속바지가 있는 것으로 하세요.

이렇게 하는게 싫다고요? 그럼 맘대로 하셔도 됩니다. 다만, 우리 식당은 좀 다르게, 독특하게, 통일되게, 깨끗하게 하는 뭔가를 만들어야 합니다. 또한 이런 복장들은 몇 벌 준비하느냐는 최소로 잡으면 복장은 1인당 2벌 이상, 앞치마는 3개 이상 준비해야 됩니다.

그럼 어디서 사냐고요?

주방용품을 주로 거래하는 데(남대문 시장, 중앙시장 등) 가면 있습니다. 그런데 저의 경험으로는 품질이 좋고 다양하며 구입하기 편한 곳은 남대문시장에 있는 삼성까운을 추천합니다. 뭐 40여년 됐다나요?

 추천 위생복 집

- 삼성까운(www.samsunguni.co.kr)
  서울시 중구 남대문 4가 18-4(TEL : 02-752-0081~2)

개업 준비_ ❾
직원 근무교육

theme 36

　　　　　　직원들이 근무 잘하는 것은 한마디로 '손님에게 잘하는 것' 이잖아요? 어떻게 보면 쉽지요. 그냥 막연히 "친절하면 되겠지!"라고 생각하는데, 요즈음은 어디서나 다 손님에게 친절합니다.

　그리고 사람이 다 제 각각인 데다가 소명의식은 물론 직업의식을 갖고 있는 식당 종사자는 찾기가 매우 힘들어요. 나중에 직원관리에 대해 다시 언급하겠지만 그러니 이직률이 그렇게 높지 않습니까?

　그렇다고 마냥 새로 사람이 들어올 때마다 교육시키는 것도 참 귀찮은 일이지요. 그래서 결론은 직원 교육시키는 것을 표준화하고, 그 내용을 설명하는 것이 근무내용의 일관성으로도 좋고 덜 힘들어요. 주방 일도 표준화하도록 노력하는 것이 좋아요. 대표적인 외국계업체나 프랜차이즈업체들은 주방이나 홀에서 거의 모든 업무들을 표준화(매뉴얼화) 하고 있는 이유가 뭔지 한번 생각해 보세요.

　다음은 점심에 식사, 저녁에는 주로 맥주를 파는 어느 경양식 집의 근무지침서입니다. 작은 가게라도 관심있게 보시고 참고해 보세요.

일일 근무요령

A조 (점심) 근무자

A. 기본 근무시간 : 10:00 ~ 14:00
B. 근무요령 및 순서

• 홀과 계단
1. 열쇠로 철문을 열고 신문을 갖고 들어온다.
2. 신문은 2번 테이블 위에 똑바로 정렬해놓고 밥통과 빵을 점검한다.
3. 은하수와 바(Bar) 등을 켠다.
4. 근무복으로 갈아입는다.
5. 테이블 위에 전날 밤에 미처 치우지 못한 그릇이나 술잔을 우선 BAR 테이블 위에서 치운다.
6. 홀과 바닥을 쓸어낸다(빗자루).
7. 홀과 바닥을 물걸레질한다(대걸레).
8. 모든 테이블 위를 행주질한다(행주).
9. 테이블 기본 세팅을 점검하고 없는 것을 채운다.
10. 의자와 테이블 배치를 정렬한다.
11. 입구 유리문의 손자국을 닦아낸다.
12. 우선 화장실 전등을 켠 후 청소 도구함에서 고무장갑을 끼고 젓가락을 이용 배수구 뚜껑을 연다.
13. 화장실내 쓰레기는 세면기 밑에 쓰레기통에 넣는다.
14. 대걸레를 물통에서 빨아서 화장실 바닥을 닦는다.
15. 물 호스와 솔을 가지고 변기(두 곳), 소변기, 세면기를 닦는다.
16. 청소 도구함 속 수건걸레로 변기와 세면대 위의 물기를 닦는다.
17. 닦은 재떨이는 제 위치에 둔다.
18. 쓰레기통, 특히 여자화장실 쓰레기통 뚜껑을 열고 솔로 눌러줘서 여유를 만들어 준다. 만약 꽉 차있으면 비닐 봉투를 채 홀의 쓰레기 봉투에 넣고 새 봉투를 설치한다.
19. 화장실 내를 점검해서 휴지 등이 부족하면 채운다.
20. 2층에 있는 칠판 메뉴판을 1층 외부에 있는 이젤에 설치한다. 1층에 있는 안주 메뉴칠판을 가지고 올라온다.
22. 올라오면서 계단실의 쓰레기를 주워서 쓰레기 봉투에 넣고 1층, 2층 계단의 전등

을 켠다. 가지고 올라온 메뉴판을 입구 이젤 위에 놓는다.
23. 다시 물걸레를 갖고 계단실을 물청소한다. 만약 쓰레기가 많으면 청소기와 비질을 한다.

• BAR

24. 우선 밥과 빵의 상황을 점검해 조치한 후 전날 닦지 못한 술잔과 그릇을 닦는다.
25. 닦은 술잔들을 옆에 엎어놓고 어느 정도 물기가 빠지면 제자리에 놓는다(술잔은 냉장고, 그릇은 제자리, 수저는 수저통 등).
26. 샐러드와 드레싱이 여유 있는지 확인한다(샐러드가 없는 경우 양상추를 손질하고 드레싱은 주방에 알려줘서 조치한다).
27. 점심식사에 쓸 것들을 꺼내놓고 정리해 놓는다(김치, 샐러드, 드레싱, 밑반찬, 각설탕, 프림, 빵, 빵바구니, 버터).

• 테이블 세팅

29. 3번 테이블을 터미널로 이용해서 물주전자(1), 물컵(10), 이동렌즈(3), 쟁반(1), 행주(2) 재떨이(5)를 갖다 놓는다.
30. 1번, 5번, 6번, 7번 테이블에 수저 받침에 숟가락, 포크, 나이프 등을 3벌씩 세팅한다. 이 때 정열 순서에 유의한다.
31. 생수통에 생수 양을 체크한다.

• 조명 및 실내온도, 환기

32. 실외조명 : 코너 네온을 켠다.
33. 실내조명 : 알맞게 조절한다.
34. 실내환기 : 환기 상태를 점검하여 출입문이나 창문을 열거나 닫는다.
35. 실내온도 : 실내 온도에 따라 에어컨, 온풍기를 수시로 작동한다(온풍기는 기름의 잔량을 확인한다).

• 손님응대

36. 손님이 들어오면 우선 "어서 오세요"라고 인사한 후
37. 물 갖다주고 주고 메뉴를 설명한 후 주문을 받는다.
38. 주방에 주문내용을 알려주고 계산서에 표기한다(인원이 많을 경우 메모해서 주방에 준다).
39. 샐러드, 김치를 우선 배식하고 이동식 렌즈와 김치찌개를 내간다. 렌즈를 점화한다.
40. 주방에서 메인디쉬를 받아서 테이블로 가져간다(이때 뜨거운 접시이므로 주의해서 운반하고 손님에게도 주의할 것을 꼭 주지시킨다).

41. 이때 소금과 후추가 있다는 것을 손님께 알려준다.
42. 식사 도중에는 밥과 빵과 물 등이 모자라지 않은지 살피고 모자라면 채워준다. 더러운 재떨이는 교체해준다.
43. 식사가 끝나 가면 차주문을 받고 바에 차를 준비해둔다.
44. 행주와 쟁반을 가지고 가서 식탁 위의 모든 식기류를 기름기 있는 그릇을 주방으로 나머지는 BAR에서 치운다. 행주질을 한 후 준비해둔 차를 제공한다.
   ＊그릇 정리요령 교육필요
45. 손님이 일어서면 계산서를 갖고 계산한다.
   ＊카드기계 사용법, 영수증 발급법 숙지요
46. 나가면 "안녕히 가세요"하고 배웅한다.
47. 그 다음 식탁을 깨끗이 치우고 바닥이 더러우면 비질한다.

C. 근무지침
1. 제일 중요한 것은 근무시간 엄수이다.
2. 퇴근 시에는 정해진 노트에 근무시간을 기입한다.
3. 근무복을 탈의실에서 갈아입고 퇴근한다.
4. 사정이 있어 늦어지거나 결근해야 할 경우 가급적 미리 연락한다.

일일 근무요령

B조 (저녁) 근무자

A. 기본 근무시간 : 17:00 ~ 24:00
B. 근무요령 및 순서

• 준비
1. 출근하면서 외부 간판 불(전면 네온2, 입구간판, 벽부)이 제대로 들어와 있는지 확인하고
2. 1층 입구 칠판 간판이 제대로 되어있는지 계단실 전등이 들어왔는지 확인하면서 올라온다.
3. 2번 창고에서 근무복으로 갈아입고(귀중품은 몸에 지닌다)
4. 생맥주 기계 설치하고 공기를 빼고
5. 전등 확인하고 조도를 맞추고 실내 온도 조절하고

6. 오늘의 특선안주 내용을 설명듣는다.
7. CD를 새롭게 5장 전부 교환한다.
8. 홀, 화장실, 계단 순서로 물걸레질한다.

• 손님 응대

9. 손님이 오면 "어서 오세요"라고 웃으면서 응대한다.
    1) 점화라이터와 메뉴판을 우선 갖다주면 식사했는지 묻고
    2) 식사했다면 주류, 안주 쪽을 펴주고
    3) 특선안주가 있으면 설명하고 우선 술만 주문을 받고 안주를 고르도록 그냥 나온다.
    4) 포크, 포크받침, 샐러드와 기본 안주, 주문한 술을 가져다 주면서
    5) 안주주문을 받아서 주방에 전달하고 즉시 계산서에 주문내용을 기입한다.
    6) 주문서에는 나간 품목은 V로 표시해서 서로가 알도록 한다.
10. 손님이 있는 동안
    1) 누구든 한 명이상 전면을 주시하여 근무하고
    2) 재떨이, 휴지 등과 생기는 쓰레기는 계속 치워준다.
    3) 재떨이 등은 그때그때 설거지한다.
    4) 추가로 시키는 술과 안주는 같은 요령으로 처리한다.
    5) 계산서는 금액을 즉시 알도록 중간에 계산해 놓는다.

• 손님 배웅

11. 손님이 나가면
    1) 계산서를 갖고 계산한다.
        *카드 등록기 사용요령 숙지
    2) 정해진 곳에 계산서를 두고
    3) "안녕히 가세요"하고 인사하고
    4) 자리에 있는 그릇 등을 치우고
    5) 행주질 한 후
    6) 바닥을 비질해서
    7) 다른 손님을 대비해서 깨끗이 한다.

특별근무

1. 생화 관리
    1) 잎에 물 뿌리기
    2) 물 주기 및 채광
2. 모든 나무 : 잎 닦기
3. 출입 유리문 : 닦기(신문지)
4. 입구 매트 : 빨기
5. 홀 바닥 때 딱지 떼어내기(칼, 수제)
6. 계단 바닥 때 딱지 떼어내기(칼, 수제)
7. 술 선반 A·B닦기 : 술병 닦고, 선반 닦기
8. 모든 전기제품 : 닦기(윈덱스 등 이용)
    1) 텔레비젼, 에어컨, 온풍기, 전화, 체크기, 모든 냉장고
9. 쇼파 얼룩 물걸레질(물걸레)
10. 빈 술병 정리
11. 재활용 쓰레기 정리(처리)
12. 음식물 쓰레기 버리기
13. 행주·수건 세탁, 소독
14. 도마·칼 소독
15. 냉장고 내부청소
16. 캐스터 닦고 채우기
17. 램프 닦고 채우기
18. 주방 오픈 내부청소
19. 주방타일 닦기
20. 양파, 무 교환
21. CD크리닝
22. 유리창 닦기
23. 거울 닦기.
24. 창고 내부정리·청소
25. 각 턱·선반 등 걸레

이건 한 가지 예에 불과하지만 누구나 순서대로 읽고 그대로 따라 할 수 있도록 자신의 가게 특성에 알맞도록 만들면 됩니다.

개업 준비_ ⑩
테이블 번호 정하기

　　　　　이제 테이블의 고유번호를 정해야 하는데 이건 철저하게 직원들이 기억하기 쉬운 순서로 하면 됩니다.

　예를 들면 입구서부터 1. 2. 3. 4. 5 … 로 나간다든가 하면 됩니다 이 번호를 테이블 위에 붙이는 경우가 있는데, 저는 두 가지 이유로 안 붙이는 것을 선호합니다.

　첫째는 손님 입장에서 자신이 앉은 테이블 번호를 알아야 될 이유가 없습니다.

　둘째는 제일 청결해야 하는 테이블이 깨끗지 않을 뿐더러 흔하게 하는 플라스틱으로 하면 행주질하다가 그 턱에 때가 잘 끼입니다.

　물론 별도의 방이 있다면 '매·난·국·죽' 이라든가 '청풍, 명월' 이라든가 그거야 취향대로 하면 되겠죠.

개업 준비_ ⑪
실전연습, 품평회

　자, 그럼, 가게수리도 끝났고, 일할 사람도 다 정해졌고 그릇과 재료도 들어왔으면 빨리 개업해야지요? 참~ 아닙니다. 시운전이 있잖아요. 시운전을 해 봐야지요. 물론 시운전 기간은 길면 길수록 좋지만 그럴 수는 없고 최소한 개업 전날이라도 해 보세요.

　이 때 중요한 것은 실제 장사하는 거와 똑같이 하는 건데, 포인트는 음식의 맛에 대한 평가와 서빙에 대한 점검입니다. 이 두 가지에 대한 객관성이 있는 친지가 있다면 청해서 부탁해 보세요. 그런데 여러 명이면 더 좋겠지요. 그만큼 객관성이 높아질 테니까요. 자신의 주관적인 평가가 강하면 안 됩니다. 그 말인 즉, 난 맛있는 데(내 입맛에 맞는데) 왜 다른 사람들은 고개를 내저을까?…….

　만약 그런 친지나 지인이 없든가 여의치 않는다면 식당의 직원들끼리 해보는 것도 좋은 점이 있어요. 전부는 불가능하지만 주방과 홀의 역할을 바꿔보는 것도 상대방의 일을 이해할 수 있어서 좋아요. 그렇게 해서 부족한 것과 넘치는 것을 조정하고 가능한 '모델'을 정리해야죠.

PART 02

영업

개업하는 날은 어떨까?•자금관리는 어떻게 할까•일보와 빌지를 어떻게 작성할까•인쇄물을 어떻게 준비할까•최고의 화두_ 고정비를 줄여라•돈 계산과 돈통 관리가 중요하다•신용카드와 현금영수증 가맹점에 가입한다•신용카드와 현금영수증 가맹점 가입방법•영업 준비를 표준화하라•영업 끝내고 청소는 어떻게 하나•손님을 어떻게 응대하는가•잔소리하는 손님 어떻게 할까•버릴 손님과 챙길 손님이 있다•가장 고마운 사람, 단골이란?•단골 확보가 장사의 열쇠다•친지는 단골이 아니다•식당 최대의 목표_ 손님이 배불러야 한다•여자들이 더 먹는다?•언제나 똑같은 맛을 유지해야 한다•김치의 맛은 숙성이 좌우한다•빈자리가 없어서 손님을 못 받는다?•식사는 금방 나와야 한다•식사 후 후식을 제공한다?•먹고 난 자리는 금방 치우지 마라•식사한 자리를 보면 그 사람을 알 수 있다•주인이 식당의 얼굴이다•장사가 잘될 때 긴장하라•기획 영업을 찾아라•이런 손님도 있다

개업하는 날은 어떨까?

theme 01

개업하는 날, 정말 긴장되지요?

첫 손님은 첫 사랑같이 잊혀지지 않아요.

개업하는 요일은 주중 장사가 위주인 곳은 화요일 정도로 잡아서 개업 분위기를 며칠동안 가게 하고, 주말 장사가 위주인 곳은 목요일 정도부터 잡는 것이 좋습니다.

종업원들의 복장들에 대해서는 이미 언급을 했는데 주인, 즉 사장은 어떤 복장을 해야 할까요?

그냥 깨끗한 옷이면 되고 약간의 활동성이 있으면 됩니다.

예를 들면 노타이에 밝은색 셔츠에 검정색 바지 정도면 무난합니다. 그런데 너무 이상하게도 정작 개업 때 양복 정장차림의 남자 사장들이 많아요. 여자인 경우는 그냥 깔끔하면 되지요.

만약 주방 일을 직접하는 경우에는 다른 직원과 같은 위생복을 입으면 됩니다. 직원들과 똑같이 입어도 사장은 표가 나기 마련입니다.

그리고 개업하는 날 해야 할 일 중에는 대부분 오지 않지만 건물주에게 오늘 개업하니 식사하러 오라고 청하는 것과 주변에 떡 돌리는 일을 잊지 마세요. 개업 날에는 처음 접하는 일이라 손님이 많지 않아도 경황이 없다보니 깜빡하는 경우가 있기 때문입니다.

또한 오는 손님에게는 별도의 떡이든 음식이든 개업 선물이든 제공하라는 겁니다. 이건 이미 앞에서 설명했지만 뭔가가 더 있는 것이 사람의 마음과 눈에 기억을 남깁니다.

잊지마세요. 우리나라 사람들은 무지하게 공짜 좋아 하잖아요.

개업 날 홍보하고 가게 분위기 돋우고 하는 것에 대해서는 이미 언급했으니 참고하면 되고, 친지들이 갖고 오는 꽃들은 가게 입구나 내부에 적절히 배치하면 됩니다. 그리고 직원들이 서로 손발 맞춘 시간이 부족해서 일하는 것이 어설플 수도 있으니 가까운 사람들 중에서 지원군을 확보해 놓은 것도 하나의 방법입니다. 쉽게 얘기하면 잔치집 같은 분위기로 시끌벅적한 것이 개업 때는 더욱 좋은 겁니다.

또 한 가지. 손님들이나 지인들이 주는 축하주를 받아 마셔서 취하지는 마세요. 이날 취하면 정말 곤란하거든요. 한번 생각해 보세요.

자금 관리는 어떻게 할까

자금 관리의 필요성

예전에 식당 주인들은 보통 손님에게서 돈 받으면 자기 주머니나 돈통(금고)에 넣고 지출할 것이 있으면 대충 꺼내주는 스타일이었습니다.

제목이 자금 관리라 가게에서 돈 잃어버리지 않게 잘 관리하라는 뜻으로 들리겠지만, 여기서 얘기하고자 하는 내용은 수입과 지출에 대한 종합적인 내용입니다.

자금 관리의 목적은 한 마디로 매상은 얼마이고, 지출은 어떤 것으로 얼마여서 수익이 얼마 정도가 되는지 알기 위해서 입니다. 그래서 정리를 하고 분석을 해보면 수익성에 대한 검토가 이루어짐은 물론이고 각 항목 지출에 대한 균형을 체크할 수 있습니다.

지출 관리

자금 관리에 대한 자세한 얘기는 차차 하기로 하고 우선 지출에 대해서 생각해 보겠습니다. 지출 항목에는 어떤 것들이 있을까요?

예를 들어 고깃집이라고 가정하고 생각해 보면 고기·야채·양념·숯·김치 등의 재료 관련에서부터 소주·맥주 등 주류, 월급·전기료·수도료·가스료·청소비·임차료·관리비·신문대·전화요금·건물 유지비·회식비·각종 세금 등 여러 가지가 있습니다.

그런데 프랜차이즈 가맹점이 점점 많아지고 정보기기의 대중적인 보급으로 POS단말기를 갖춘 업소는 매출이나 매입 등을 잘 관리할 수 있습니다. 이에 반해 소규모 식당은 매출, 매입, 재고관리 등을 수기로 할 수밖에 없기 때문에 이렇게 많은 지출항목을 비슷한 성격의 몇 가지 항목으로 나누어야 됩니다. 이건 정확한 분류법이 있는 것은 아니고 자기가 편한대로 하면 됩니다.

다음과 같은 분류도 한 가지 방법입니다.

① 주재료

　고기, 쌀 등 메뉴에 따른 주재료

② 부재료

　각종 야채, 양념류 등 부수적으로 소요되는 재료와 보조재료

③ 주류

　취급하는 술

④ 인건비

　종업원 급료, 아르바이트비, 교통비, 회식비, 피복비 등

⑤ 임차료 및 공과금

　건물 임차료, 관리비, 전기·수도·가스사용료, 통신비, 청소비, 신문대금 등 제반비용 및 금융이자

⑥ 광고 및 투자비

선전을 위한 제반 광고비와 수선비, 수리비, 보수비용 등 건물 유
지관리에 대한 투자비 또는 업그레이드 시키기 위한 투자 일체
⑦ 회수
자신이 쓰는 이윤이나 생활비

이렇게 분류를 하고 보면 재료비 ①, ②, ③과 인건비, 임대료 이렇게 3가지 큰 항목으로 나눌 수 있습니다. 광고 투자비는 순수 원가는 아닌 재투자 성격이고 회수는 이익금입니다.

지출 내역서 작성시기 및 방법

그럼 몇 가지 의문이 생길 것입니다.

우선 원가계산을 언제부터 작성하느냐 일 것입니다. 그러기 위해서는 우선 투자금액을 확실히 해 놓아야 합니다.

투자금액은 이미 언급한 제반 비용인 건물에 대한 비용, 각종 기기, 그릇, 광고비 등이 물론 다 들어가야 되고 거기다가 초도 물품비 즉, 장사 시작하면서 처음 준비하는 식자재 및 주류대 등까지 포함해서 투자금액을 확실히 해놔야 됩니다. 이건 상당히 중요하고 자기가 얼마나 가게에 자금을 들였는지 확실하게 알아두어야 합니다.

장사 개시는 대부분 월 중에 하게 되는데 지출 내역서 작성은 월별로 끊는 것이 좋아요. 그래서 "○달이 어땠다"라는 개념을 갖는게 전반적으로 파악하기에 좋습니다.

예를 들면 5월 20일에 개업했다면 5월 20일부터 5월 31일까지는 정리를 해서 매출 흐름을 파악하고 정식으로 손익을 따지는 것은 6월 1

일부터 6월 말까지 하고, 그 다음에는 7월, 8월 이런 식으로 월별로 계산하라는 겁니다.

  그 다음에 한 곳에서 주재료나 부재료를 같이 샀을 경우는 예를 들면 농협 하나로마트에서 쌀과 야채를 같이 샀다면 계산서를 보고 쌀은 주재료에 야채는 부재료에 분리해서 나누어 넣으면 됩니다.

  이렇게 하려면 당연히 신용카드전표나 현금영수증을 꼭 챙겨야 되겠지요. 그리고 영수증은 적어도 2군데로 나누어서 정리해 두는 것이 좋습니다. 재료비와 공과금, 영수증 얘기가 나오면 자연히 부가가치세 얘기를 안할 수 없는데, 그건 다른 곳에서 별도로 언급하겠습니다.

  다음은 지출내역서로 사용할 양식을 간단히 작성해 본 것이니 참고하세요.

지출내역서 작성예시 [6월]

항목	1일	2일	3일	4일
주재료		395,000		
부재료	278,000			
주류			495,000	
인건비				
임차료·공과금				
광고, 투자비				
회수				
합계	278,000	395,000	495,000	

일보와 빌지를
어떻게 작성할까

theme 03

　　　　　　지출에 대해서 얘기했으니 이제 매상에 대해 이야기하겠습니다. 지출을 먼저 이야기한 이유는 그 만큼 장사에서 중요하기 때문입니다.

　　매출, 매상과 관련하여 가장 기본적으로 해야 할 일은 일보(日報)를 작성하는 겁니다. 최신 POS 시스템으로 작성, 관리하면 참 편리하고 쉽지요. 다만 돈이 제법 들어가고 또 화면(스크린)으로만 보려는 습성이 생겨요. 분석자료가 자세히 나오지만 한계가 있고 업주가 원하는 것을 모두 채워 주기에는 부족한 면이 있어요. 물론 어떤 것이든 활용하기 나름이겠지만 매장 규모가 작거나 초기 투자비를 줄이기 위해 일보 형식으로 관리해도 무난합니다. 컴퓨터를 잘 사용하면 엑셀을 이용해 관리할 수 있으며, 노트식의 경우 갖고가 보거나 철을 해서 두고 분석해 볼 수 있어 좋습니다.

　　개업할 때 POS 시스템을 사용하는 경우 그 활용법은 사용설명서처럼 업체가 처음 설치 시부터 자세히 알려 주니, 여기서는 업주가 수기로 작성하는 일보에 대해 말씀드립니다. 일보는 식당에서 돈낼 때 보면 카운터에 가게 주인이 노트 비슷한 종이에 뭐라고 쓰는 거 있지요? 그게 바로 일보입니다. 매일 어느 테이블에 얼마의 매상이 있었고, 손님들의 제안 요청이나 특징점 등 일보는 무척 많은 정보를 담고 있습니다. 따라서 일보 작성을 잘해야 하고 그 정보를 특히 잘 활용해야 됩니다. 명심하세요.

그럼 매일 매일 쓰는 일보에는 뭐가 쓰여지는 걸까요?

이해하기 쉽게 예를 들어보면

'5번 테이블에 등심 3인분, 냉면 2그릇 사리 하나 추가, 맥주 1병, 콜라 1병 ⋯.' 이런 모든 내용이 매 테이블마다 기재되는 겁니다.

이게 일보에 기재되는 기본 내용인데, 여기서 조금 더 발전시켜서 그 날 매상의 내용과 총액 그리고 지출한 금액, 손님에 대한 특별한 메모 등도 기입할 수 있습니다. 즉, 일보에는 금전뿐만 아니라 모든 식당 정보를 담는 중요한 기본 자료이지요.

이 일보는 그 날 그 날의 매상과 지출은 물론, 묶으면 한 달의 매상과 지출, '어느 메뉴가 잘 나가는지', '어떤 술이 잘 나가는지', '1인당 매출은 얼마인지' 또 구체적으로 '누가 얼마나 자주 와서 얼마 만큼 먹는지', 손님의 특별한 취향에 따른 고객관리 등 많은 정보를 담는 겁니다. 물론 지출도 마찬가지지요.

그리고 빌(Bill)지라고도 불리는 계산서는 테이블마다 쓰는 경우와 안 쓰는 경우로 나뉘는데, 아주 작은 식당인 경우에는 꼭 쓸 필요가 없지만 손님에게 신뢰감도 주고 어지간하면 쓰는 것이 좋아요.

빌지에는 몇 월 몇 일날 몇 번 테이블에서 주문한 내용을 쓰는 겁니다. 그리고 기재하는 내용은 메뉴를 기입하는 경우와 안 하는 경우가 있는데 기입하는 것이 좋습니다.

　물론 보다 첨단으로 가면 태블릿 등 IT 기기를 활용, 테이블에서 손님의 주문을 받는 즉시 이 단말기에 입력하면 시스템적으로 주방과도 연계가 되어 자동주문 처리가 되면서 총괄적인 매장관리를 할 수 있는 POS 시스템이 있지만 작은 식당에서 적용하기에 과다한 비용이 들고 비효율적일 수도 있습니다.

　수기로 작성하는 일보는 식자재 납품하는 데서 제공하는 경우도 있지만, 어차피 우리 식당의 메뉴나 필요한 내용을 담아 인쇄해야 하니까 직접 인쇄하는 것이 좋습니다. 인쇄에 대해서는 별도로 언급하겠습니다. 그럼 그 양식들은 어떤 것이 좋을까요? 다음과 같은 양식이 일반적으로 사용되며, 식당 사정에 맞도록 수정하여 사용하면 됩니다.

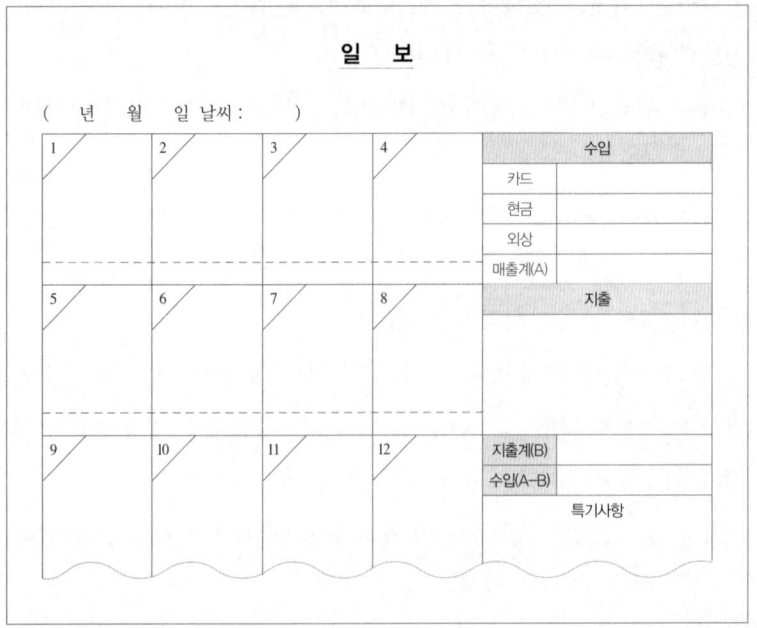

인쇄물을
어떻게 준비할까

theme 04

특별한 경우를 제외하고는 인쇄물은 사장이 직접 준비해야 되는 데, 잘 모르고 빠뜨리는 것이 생길 수 있습니다.

그럼 식당에 필요한 인쇄물은 어떤 것들이 있을까요?
① 전단지
② 명함 - 가게, 사장 개인
③ 일보
④ 빌지
⑤ 메뉴
⑥ 셋팅지(테이블매트), 냅킨, 티슈, 쿠폰, 식권 등

인쇄물 제작과 의뢰는 기획사나 인쇄소에 하는데, 기본적으로 문안과 디자인은 자신의 '아이디어-안'을 가지고 가는 것이 만족도가 높겠습니다. 안 가지고 가도 기획사의 경우 업종에 따른 다양한 샘플을

보여 주므로 그 중에 자신에게 맞는 것을 고르거나 아니면 조금 변형해서 만들어 달라하면 되겠지요.

그리고 인쇄물이라는 것이 종이 종류, 색도(칼라) 등에 따라 가격 차이가 많이 납니다. 백화점 같은 곳의 화려한 인쇄물을 자주 접해서 화려한 색상으로 고객의 시선을 잡기란 쉽지 않아요.

인쇄물을 맡길 때 주의할 점은
① 비싸지 않은 인쇄소를 선택하고
② 과도한 칼라와 디자인으로 너무 많은 비용을 들일 필요가 없고
③ 소요량 예측은 욕심보다 적게 하되 인쇄물은 종이량(연 단위)에 따라 금액 차이가 적은 경우가 있으니 체크하세요.

각 인쇄물에 대한 양식은 이미 언급을 했고, 나머지 전단지나 명함, 메뉴, 셋팅지(테이블매트), 냅킨, 티슈, 쿠폰, 식권 등은 인터넷에 검색하면 다양한 형태가 있습니다. 사실 특별한 양식도 없거니와 나만의 아이디어나 상식만으로도 잘 만들 수 있을 것이라 생각됩니다.

다만, 냅킨에 대해서 한 말씀드리면, 제발 두루마리 화장지를 테이블에 올려 놓고 쓰지 마세요. 그건 화장실에서나 쓰는 거잖아요? 그런데 냅킨은 하나 하나씩 접는 인건비 때문에 생각보다 비싸요. 만약 저렴하게 하려면 가게 상호 등을 인쇄할 필요없이 그냥 써도 좋습니다. 그런 것은 서울의 경우 을지로 쪽과 방산시장에 가면 있어요.

최고의 화두_
고정비를 줄여라

장사가 잘 되든 잘 안되든 관계없이 고정적으로 나가야 하는 경비, 즉 고정비는 그야말로 줄일 수 있는 한 최대로 줄여야 합니다. 당연한 말씀이지만 내 호주머니로 들어오는 돈은 여기서 벌립니다. 왜 줄여야 하는지는 설명이 필요 없겠지요?

우리가 앞에서 살펴본 지출항목을 보면

① 주재료

② 부재료

③ 주류

④ 인건비

⑤ 임차료 및 공과금

⑥ 광고 및 투자비

⑦ 회수

이런 항목으로 나눌 수가 있는데, 그럼 어떤 것들이 고정비일까요? 고정비는 굳은 고정비와 연한 고정비, 두 가지로 나눌 수 있어요.

굳은 고정비(HARD)

매달 고정적으로 지출될 금액 자체가 정해져 있는 임차료, 관리비, POS나 정수기 렌탈비, 오물비, 케이블TV수신료, 신문구독료 등으로 이런 것들은 한 번 정해지면 바뀌지 않는 겁니다. 따라서 사업 개시 전부터 상시적으로 나가는 고정비용을 최대한 줄여야 합니다. 특히 임차료가 가장 비중이 큰 거니까 가게 얻을 때 너무 부담이 안 되도록 자기 눈높이를 낮추세요.

연한 고정비(SOFT)

이것은 고정적으로 지출되는 항목이지만 자기의 노력 등으로 절약이 일부 가능한 항목입니다. 사실 여기에는 거의 모든 항목이 포함되어 있다고 볼 수 있으며, '고정비를 줄이자.' 라는 화두의 주 내용은 바로 이것을 줄이라는 겁니다.

다들 아시겠지만 내용이야 뭐 간단하지요. 원·부재료 아끼고 전기·수도·가스료 아끼고 사람 덜 쓰는 거라고 요약할 수 있습니다.

하지만 안 쓰는 것이 아니고 쓰면서 아껴 쓴다는 것에 사실 어려움이 많은 겁니다.

(1) 재료비

재료비는 신경을 많이 써야 절약할 수 있어요. 그만큼 어렵죠.

구조적으로는 너무 많은 메뉴를 갖고 가지 않아야 하고, 내용적으로는 모든 식자재는 유효 수명이 있기도 하지만 그 보다도 각 재료마다 신선도를 가능한 오래 유지하기 위한 특별한 보관 관리방법이 있어요.

그 관리방법을 엄격히 지키며, 가지고 가는 유효 재고를 최소화해야 합니다. 그리고 만약 갑자기 부족할 때 응급조치할 수 있는 대안도 준비해 놓아야 합니다. 특히 꼭 언급하고 싶은 것은 생각보다 부재료의 비용이 크다는 겁니다. 그 얘기는 부재료의 절약에 대해서도 신경을 써야 한다는 거지요.

(2) 전기 요금

이미 말씀드렸지만 전기요금은 각종 공과금 중 가장 부담되는 금액입니다. 특히 입점한 건물이 대형일 경우 정부로부터 절전 규제도 받고 피크시간대에 사용하는 전기요금은 보통 때보다 더 비싸게 계산됩니다. 또 구청에서 냉·난방온도도 규제하니 하여튼 아끼는 방법밖에 없습니다.

전기요금이 급격히 올라가는 것은 간판, 냉장고, 냉·난방기 세 가지입니다. 우선 간판 중에는 네온사인이 전기를 많이 먹어요. 그리고 전등 중에는 멋스런 분위기 내는 용도로 많이 쓰는 할로겐 램프가 많이 먹어요. 특히 인테리어 업체 중에 조도를 높여서 분위기를 잡느라고 필요 이상으로 할로겐 램프를 사용하기도 합니다.

그 다음으로 냉장고는 잘 알려진 대형 가전업체에서 생산되는 제품들은 에너지 효율 1등급인 경우가 많아 생각보다 전기요금이 많이 나오지는 않아요. 문제는 냉장고가 여러 대 필요하다는 겁니다. 그리고 중앙시장 등에서 사제품으로 구입한 것이나 중고품, 편의상 제작된 냉장고 등은 전기를 많이 먹습니다.

따라서 냉장고를 구입할 때에는 다음의 사항을 유의하세요.

① 가능한 한 설치 시 조금 비싸더라도 메이커 제품으로 구입하고 사용 전력을 확인해야 됩니다.
② 냉장고마다 필요한 온도를 설정해서 너무 차게 설정되어 불필요한 전기 소모를 막고
③ 냉장고마다 온도계로 냉장 온도를 체크하며
④ 식자재를 잘 분리해서 효율적으로 써야 됩니다.
⑤ 이따금 냉장고의 내부 청소도 해줘야 하는데, 냉장고의 기본 사용방법은 너무 식품을 꽉 채우지 않는 겁니다(참조 253p).

에어컨이 전기를 많이 먹는다는 것은 다 아는 사실이니 어떻게 하면 전기요금을 줄이느냐가 문제입니다. 우선 보조로 선풍기를 써야 합니다. 대략 선풍기 소요 전력이 에어컨 30분의 1 이라는 것은 물론, 사람이 시원하다고 느끼는 것은 바람도 큰 몫을 합니다. 또한 여름 햇살은 특히 달궈지고 난 오후 햇빛이 더 뜨거운 데, 가게가 오후 햇빛을 받아드리는 방향에 있다면(주로 서향이지요) 창가에 블라인드를 설치하여 보통 때는 치지 말고 오후에 치세요. 블라인드는 다양한 디자인에 여러 종류가 있습니다.

최신형 에어컨은 온도 설정만 해 놓으면 자기가 알아서 ON/OFF가 되어 일정한 온도를 유지하지만 구형 에어컨인 경우 실내에 온도계를 놓고 실내 온도에 따라서 에어컨을 켜고 끄고 하세요. 그 다음으로 에어컨 설치 방향을 잘 잡아야 합니다. 천장형의 경우 더운 열기가 많이 나오는 주방과는 좀 떨어지게 하고 입체형도 바람이 나오는 방향에 테이블이 위치하도록 합니다. 그리고 에어컨 설치할 때 효율성을 높일

수 있도록 해야 합니다. 즉, 배관의 보온은 확실하게 하고 실외기 거리를 너무 멀지 않게 두도록 해야 되겠죠.

마지막으로 에어컨 자체의 관리입니다. 필터는 자주 청소해서 먼지 등으로 효율이 떨어지지 않게 하고 일년에 한 번 이상은 내부 청소를 하세요.

(3) 난방비

식당이 중앙 냉·난방식의 건물에 있다면 상관이 없지만 개별난방을 하는 경우를 예로 설명하겠습니다. 우선 사용하는 에너지원에 따라 전기·석유·가스 등이 있고 설치 장소에 따라 벽면 고정·중앙 고정·이동 가능 그리고 벽체 부착형 등이 있으며, 배기방식에 따라 외부 배기식이 있고 그냥 내부에서 연소하는 식이 있습니다. 이미 말씀드린 에어컨이 천장형이라면 냉·난방이 모두 되는 경우입니다.

그런데 일반적으로 전기를 사용하는 것이 제일 돈이 많이 들고 가스, 석유 순이지만 식당의 상황에 따라 선정을 잘 해야됩니다. 다만, 난방에서 고려해야 사항은 냄새와 습도문제입니다. 석유를 쓰는 방식은 불을 켤 때와 끌 때 불완전 연소로 인해 냄새가 나고 연통이 없는 난로는 이동성은 좋으나 그 역시 불완전 연소로 오랜 시간 있으면 머리가 아프답니다. 전도 위험도 있고요.

또한 난방기구를 사용할 때는 습도도 고려해야 합니다. 습도는 건강에 미치는 영향이 무척 크며, 손님 건강도 중요하지만 매일 일하는 내 자신과 종업원들의 건강을 생각해야 합니다.

(4) 수도요금

식당에서 수도요금은 아끼기 어려운 것 중 하나지만 수자원 보호를 위해서도 절수해야 됩니다. 물을 제일 많이 쓰는 것은 설거지죠. 설거지는 그때 그때하지 말고, 물을 흘리면서 하는 식이 아닌 받아서 하는 방식으로 해서 절수하도록 지도하면 됩니다. 또한 화장실에는 변기 물탱크 속에 벽돌도 한 장씩 넣어두고 세면기 하단의 밸브를 약간 줄여놓으세요.

(5) 가스요금

사용하는 것보다 상당히 적게 나오는 것이 가스요금입니다. 딱히 가스요금을 줄일 수 있는 방법은 별로 없지만 너무 지나치게 오랜 시간 끓이는 조리를 피하세요. 음식에 따라 다르지만 열 전도를 생각해서 조리 그릇을 선택하고, 음식을 데울 경우 큰 냄비 채 하지 말고 필요한 양 만큼만 덜어서 하세요.

(6) 인건비

이걸 줄인다는 것 또한 예술입니다. 무조건 사람을 줄이는 거야 누군들 못하겠어요? 주방일을 하는 데 큰 무리가 없고 손님에게 서빙과 서비스를 제공하는 데 부족함이 없는 정도로 '사람'을 써야 하니까 어렵지요. 하지만 인건비를 줄인다는 것은 원칙적으로 그 사람이 갖고 있는 '역량을 최대화' 시키는 것부터 출발합니다. 경영자 입장에서 보면 종업원 각자의 능력을 최대로 활용하는 것이 관건입니다.

특히 경제학 책에서 말하는 '최소의 인원으로 최고의 서비스를 제공하는 것'이 어디 쉽겠어요? 그래도 인건비를 줄이기 위해서는 우선 '괜찮은 인간성에 역량 있는 사람'을 뽑아야 됩니다. 여기서 역량이나 능력은 차후에 논하더라도 종업원의 인간성을 어떻게 알까요? 사실 괜찮은 인간성을 가진 사람을 알아보기도 힘들거니와 그런 부류의 사람들이 우리 식당에 온다는 것은 하나의 희망에 불과합니다. 특별한 방법이 없어요. 하지만 가능한 한 많은 사람들을 면담하고 여러 검증 방법들을 통해서 사람을 뽑는 수 밖에…. 그래서 식당하다 보면 "반 관상쟁이 된다"는 말이 여기서 나온 것입니다.

지금까지 얘기한 것이 사람 자체에 관한 것이라면 그 사람을 최대로 활용하려면 어떻게 해야 할까요? 그냥 잔소리 하고 큰소리 치면 되지 않나요? 아니, 아니예요! 때로는 잔소리도 필요하겠지만 잔소리로 교육시키려고 하면 듣는 사람도 그렇지만 잔소리하는 본인이 지겹고 곧 지쳐 버립니다.

바로 그 해결방법은 우리 식당 일에 대한 '<u>표준</u>'을 만드는 것입니다. 각자마다 해야 할 일들을 명확히 알려주고 그 일마다의 표준을 정해주는 것입니다.

돈 계산과
돈통 관리가 중요하다

돈 받는 일

"제목이 좀 거시기 하게 보이지요?"

돈이라는 것이 꼭 고상한 것만은 아니니까요. 돈통 관리라고 직설적으로 표현했지만 손님에게서 받는 돈 관리, 이거 신경 쓰이는 겁니다.

그런데 돈 받는다는 것은 그 자체로도 중요하지만 손님 서비스와 함께 가게 인상을 심어주는 중요한 행위입니다. 음식은 맛있게 먹었지만 가게 나가면서 주인장의 무뚝뚝한 표정에, 계산까지 잘못되었다면 어떻게~? 어떻게요?

그럼 돈 받는 것부터 얘기해 보겠습니다.

음식점을 여러 관점에서 나눌 수가 있지만 재래식(?) 식당에 가보면 계산할 때 대부분 주인 아줌마·아저씨가 돈을 받습니다. 종업원은 받지도 못해요. 그런데 좀 크거나 세련된 곳에 가면 캐셔라고 돈만 받는 직원이 따로 있지요? 재래형 식당과 선진형(?)은 그렇게 구분되기도 합니다. 물론 소형, 대형 구분도 그렇지만….

그럼 우리 식당은 어떻게 해야 할까요? 또 돈통 관리는 어떻게 해야 할까요? 보통 식당들에서 하듯이 손님이 종업원에게 돈을 내밀 때 그 종업원은 저만치 떨어져 있는 사장에게 "사장님 계산이요!"라고 외치는 식으로는 제발 하지 마세요. 우리 식당은 사장을 포함한 종업원 전부가 계산을 하는 방식으로 운영하면 어떨까요? 그 얘기는 우선 종업원을 믿을 수 있어야 하고, 또 하나는 카운터 금고에 있는 돈이 외부인에게 안전해야 된다는 전제조건이 필요합니다.

종업원을 믿는다는 것은 "믿지 못하겠으면 뽑지를 말고, 뽑았으면 믿으라."는 삼성그룹 이 회장의 말로 대신하고 싶습니다. 또한 종업원이 속일 수 있는 여지가 거의 없어요. 왜냐하면 아주 대형이 아닌 경우 어느 테이블에서 몇 명이 어떤 메뉴를 먹었다는 것은 너무나 기억이 잘됩니다. 또 일지와 빌지를 사용하니 너무 신경 쓰지 마세요.

그리고 이런 식으로 하면 여러 가지 좋은 점이 많아요. 우선 사장이 '돈 받는 일'에서 자유로워져서 좀 더 손님 관리와 서비스를 잘 할 수 있고 손님들 보기도 좋고 종업원들도 좋아합니다.

계산

그럼 순서가 좀 바뀌었지만 계산은 어떻게 할까요?

손님 입장으로는 그냥 주문만 하고 가게 나올 때 카운터에서 알려주는 금액을 내는 방법이 있고, 또 다른 방식은 테이블에서 이미 자기가 주문한 것이 체크된 빌지를 들고 와서 계산하는 방식이 있지요.

그런데 손님 입장에서 어떤 방식을 더 좋아할까요?

작은 식당이라면 그냥 빌지 없이 하는 것도 무난합니다. 하지만 손님에게 신뢰를 주고 정확한 계산을 위해 카운터에서 체크한 일보와 빌지를 동시에 체크하여 음식값을 받는 것이 바람직합니다. 빌지는 몇년 전만 해도 그렇게 많이 사용되지 않았지만 지금은 프랜차이즈 가맹점의 급속한 보급으로 대부분 사용하므로 규모가 작다고 해서 귀찮다 하지 말고 웬만하면 빌지를 사용하기를 적극 권합니다. 그 이유는 주인과 손님 사이에 서로 말은 없지만 믿음이 가고 계산 오류를 줄이기 때문입니다.

돈 관리

자. 그럼 받은 돈은 어떻게 할까요? 뭘 어떻게 해요? 받은 사람이 돈통에 넣으면 되죠. 신용카드매출전표는 별도로 철하거나 돈과 같이 보관하면 됩니다.

돈통의 종류는 보통 사각형으로 된 작은 손 금고가 일반적인데, 요즘 아이디어 제품도 많아서 카드 조회기와 겸용인 제품 등 종류가 다양하게 많습니다. 전 개인적으로 그렇게 돈통 같이 생긴 금고는 싫고 할인점 등에서 쉽게 살 수 있는 작은 서류함이 좋더라구요. 바쁜 시간이 지나고 한 숨 돌리면 그때 사장이 카운터에 앉아서 빌지와 일보를 체크하고 그 외에 지출 등도 기입하고, 돈통의 현금을 자신의 별도 지갑에 넣으면 되죠. 이때도 잔돈과 일부 금액은 돈통에 남겨 놓아야 합니다.

그리고 현금 보관에 대해서 마지막으로 이야기하고 싶은 것은 사장 몸에 현금을 많이 지니고 다니지 말라는 겁니다. 돈은 냄새가 난다지요?

신용카드와 현금영수증 가맹점에 가입한다

theme 07

　　신용카드 사용은 보편적이죠. 또 요즈음 체크카드(현금처럼 쓰는 카드)나 현금 결제 시 현금영수증 발행이 많아지고 있어요. 국세청에서 세액공제를 더 해주니 그렇지만…. 그러니 개업하면서 곧바로 신용카드와 현금영수증 가맹점에 가입해야 합니다. 저희 업소는 "현금만 취급합니다."라고 하면 손님들 모두 도망가요.

　업종이나 지역에 따라 다르지만 일일 매출에서 객단가가 높은 경우는 신용카드 사용 비율이 70~80% 이상이고, 객단가가 낮은 경우 체크카드나 현금 비중이 약 절반 정도가 됩니다.

　특히 아주 소액까지도 신용카드를 사용하는 경우가 빈번하고 또 각자 계산하는 문화가 점점 확산되니 번거롭지만 카드로 쫙~ 긁는데 익숙해야 합니다.

　지난 3월에 명동에 있는 어떤 분식점에 갔었는데 카운터에 '저희 업소는 5천 원 이상부터 카드 받습니다.' 라는 문구를 보니 어쩐지 거시기 하고 다시는 그곳 가기가 싫더라구요.

신용카드와 현금영수증 가맹점 가입방법

theme 08

사업용계좌 만들기

　신용카드 가맹점이나 현금영수증 가맹점은 처음 신청 시 동시에 하면 되는 데, 우선 은행에서 사업용계좌를 만들어야 합니다. 사업용계좌는 세무관리 내용이니 별도로 설명드리겠습니다.

　사업용계좌는 기존에 자신이 사용하던 은행계좌와 다른 음식점을 하면서 장사와 관련해 돈이 들어오고 나가는 은행 보통예금 거래통장 계좌입니다. 은행에 가서 "사업용계좌 만듭니다."하면 알아서 해주고, 통장에 사업자 상호가 찍히는 것 외는 별거 없어요. 그리고 은행거래 시 "주거래은행을 정하라."고 하는 말을 자주 들어 봤겠지만 기존에 거래하던 곳이나 가게와 아주 가까운 곳에 다른 은행이 있다면 은행을 두 군데 설정할 수도 있습니다. 또 은행이라는 데가 거래실적을 따지니까 가능하면 한 곳과 거래하는 것이 좋겠지요.

　다음으로 신용카드 회사들과 가맹점 계약을 맺어야 됩니다. 그런데 그 많은 카드회사들과 어떻게 하냐고요? 별로 걱정할 것 없어요.

우선 신용카드 단말기를 렌탈하거나 구입하면 그곳에서 전부 대행해 줍니다. 카드결제대행업체는 가게에서 받은 신용카드 매출전표를 모아두면 업체별로 분류해 한 달에 한 번 카드사에 갖다 주는 일을 해주고 카드 용지도 떨어지면 채워주는 일도 해주는 데, 대행료로 대개 월 2만원 정도 받습니다.

카드단말기 렌탈계약

신용카드 단말기에 대해 언급하면 워낙 다양한 형태와 기능도 첨단을 달리는 기기가 많이 있지만 기본적인 종류는 유선, 무선으로 구분되고 대부분 음식점에서 월 비용을 내고 렌탈하고 있어요.

물론 새로 사는 경우도 있겠지만 IT 제품이라는 게 하루가 멀다하고 신제품에 기능이 추가되니 가급적이면 임대가 나을 것입니다. 또 최신형 단말기는 매출내역 조회나 통계, 은행간 자금이체 등 다양한 부가기능이 있어 편리하기도 합니다. 다만 그 값어치 한다고 이용대금이 조금 비싸겠지요. 그러니 가게 규모나 형편에 따라 단말기를 선택하면 됩니다. 특히 렌탈비 역시 매달 지출되는 고정비에 해당하므로 가능하면 간편하고 단순한, 또 저렴한 것으로 하면 좋을 것입니다.

그리고 단말기 렌탈계약은 대부분 장기계약이므로 계약조건을 꼭 확인해야 하고, 중도해지나 타업체로 바꿀 때 위약금이 있으니 특히 유의해야 됩니다. 처음에 공짜로 빌려 준다고 해서 사용했다가 나중에 돈을 달라는 경우이지요.

또한 신용카드와 관련해 주의할 것은 제휴하자는 회사나 사람들이 가끔 찾아옵니다. 자기네가 무척 많은 멤버들을 보유하고 있으니 자기

네들과 제휴하자는 거지요. 그 사람들의 주장대로라면 엄청난 손님이 올 것 같고 우리는 아무런 손해가 없는 듯이 설명합니다. 그러나 결론은 대부분 실효성이 없어요.

결제 방식

그럼 어떤 식으로 신용카드가 결제되는지 볼까요? 다들 아시겠지만 기계치인 분들을 위해 설명하자면 우선 계산할 때 손님이 신용카드를 내면 단말기에 카드를 쓱 긁어서 읽히는 데, 정말 참 무서운 세상인게 무지하게 빨리 긁어도 기계가 읽어냅니다. 그리고는 금액을 찍고 손님에게서 사인을 받은 뒤 계산하기 버튼을 누르면 '쩌그럭 쩌그럭' 하면서 금액이 찍혀 나오죠.

이때 '정상승인'이라는 글씨와 승인번호도 나오는데, 때로는 '승인거부'나 '한도초과'가 나오기도 합니다. 승인거부는 거의 없고 신용카드 금액이 한도보다 더 썼다는 한도 초과인 사람들이 이따금씩 있어요. 요즈음은 핸드폰으로도 결제할 수 있어요.

이제 금액이 찍혀 나온 카드용지(매출전표)를 손님에게 주고 용지 한 장은 보관하면 되지요. 또 현금으로 지불하는 손님이 현금영수증을 요청하면 고객의 핸드폰번호(또는 주민번호)를 입력하게 한 다음, 결제금액을 입력 후 '현금' 버튼 누르면 '쩌그럭 쩌그럭' 하면서 영수증이 출력됩니다. 그리고 손님에게 정중히, 기분 좋게 인사하는 거 잊지 마세요.

통장 입금

그럼 한 장의 카드 용지는 어떻게 할까요? 예전에는 매출전표를 카드사별로 분류해서 은행에 갖다 주면 내 계좌로 입금됐지만 지금은 결제대행사(VAN) 단말기를 통해 결제대금 자동이체서비스가 되니 편리합니다. 또 전표를 보관해 두다가 방문하는 결제대행사업체 직원에게 주면 됩니다.

이런 과정을 거쳐 나에게 돈이 들어오는 것은 앞에서 얘기한 사업용 계좌로 자동 입금되는데, 카드회사마다 약간의 차이가 있지만 2~3일 정도 걸립니다.

물론 여우같은 카드사이니 수수료는 제하고 보내겠지요. 카드사마다 조금은 차이가 있는데 신용카드의 경우 매출에서 2.4~2.69%, 체크카드의 경우 1.5~1.85% 정도를 차감하고 돈을 넣어 줍니다.

여지껏 손님에게서 받는 카드를 얘기했는데 식당에서 사용할 물품을 구입할 때 사용하는 사업용신용카드는 어떻게 할까요? 우선 카드사에서 사업용신용카드를 발급받은 후 결제계좌는 신용카드 결제계좌가 개설된 은행에서 같은 사업용계좌로 하세요. 그 다음에 국세청 현금영수증 홈페이지(www.taxsave.go.kr)에서 '사업용신용카드'를 등록하면 됩니다. 세법상 사업자용신용카드등록제도라는 것이 있어서 사업용 물품을 구입하면서 신용카드로 결제한 후 매입세액 공제를 신청하면 부가세 신고시 매입세액 공제를 받을 수 있습니다.

그런데 이 신용카드 사용은 가게에서 발생하는 지출에만 한정시켜야 합니다. 무슨 얘기인지 알겠지요? 가게에 관한 수입과 지출을 명확히 하고 시제 상황과 손익을 잘 파악해야 되잖아요.

영업 준비를 표준화하라

　　영업 준비라고 거창스레 제목을 달았지만 다른게 아니고 이제 본격적인 '장사를 하기 위한 준비'를 잘하자는 뜻입니다.
　식당이라는 것이 워낙 섬세한(?) 일이어서 이것저것 신경 쓸 일이 한두 가지가 아니고 그런 일들을 두서 없이 잘못하면 자칫 빠뜨리거나 맛이나 서비스의 품질이 떨어질 수 있을 뿐더러 힘만 들기 때문입니다. 매일같이 해야 하는 영업 준비가 지겹다고 생각하면 끝장입니다. 기분 좋고 즐거운 마음으로 시작해야 합니다. 이제 본격적으로 내 가게를 보다 체계적으로 관리하기 위한 방법들을 말씀드립니다.
　가게에서 일상적으로 해야 하는 모든 일들을 일정한 순서와 방법으로 규정처럼 만드는 일인 '표준화'가 꼭 필요합니다. 표준화를 하는 가장 큰 이유는 양질의 영업 준비를 하기 위해서 이기도 하지만, 실질적으로 직원들이 체계적으로 쉽게 일할 수 있도록 만드는 일입니다. 식당은 여러분이 생각하는 것보다 이직률이 훨씬 높습니다.
　앞의 개업 준비, 즉 직원 근무교육에서 표준화에 대해 얘기했지만 자주 바뀌는 직원에게 매번 업무를 가르친다는 것은 그것 자체도 힘들거니와 직원 능력에 따라 알아듣고 실행하는 데 있어서도 차이가 많이 납니다.

따라서 사장 편하고 식당에 균일한 영업 준비 상태를 잘 갖추어 가려면 표준화는 필수입니다. 또한 표준화를 하면 훨씬 일의 능률이 오르고 시간이 단축됩니다. 이와 함께 직원들의 일만 표준화할 것이 아니고 사장인 자신의 일도 표준화해야 합니다.

표준화란?

(1) 내용의 정리

영업 준비를 표준화 하기 위해서는 '무슨 일을 어떻게 해야 하는지'를 정리해야 합니다. 이런 일을 조목조목 정리하려면 일의 내용을 정확히 알아야 하겠지만 걱정하지 마세요. 우선 처음 시작할 때 한 번의 노력으로 완벽한 목록을 만들려고 하지 말고, 내 눈에 띄는 대로, 알아지는 대로 내용을 변경과 추가를 통해 하나씩 정리해 나가면 됩니다.

그럼 '무슨 일을 어떤 식으로' 하는 그 일 자체를 무엇이라 부르면 좋을까요? '항목', '행위', 좀 어색하지요? 아이템 그것도 그렇고…. 여기서는 비슷한 느낌으로 ACTIVITY라고 부르겠습니다.

(2) ACTIVITY 작성요령

우선 메모지를 갖고 눈에 띄는 대로 적어 보세요. 생각나는 대로 홀에서 적고. 주방에서도 적고 또 화장실, 창고에서도 그냥 적어 보세요. 예를 들면, 별로 신경쓰지 않는 화장실 내의 세면기 청소를 가지고 얘기해 보겠습니다.

처음이니 간단히 쓰면

'세면기 닦기' 이렇게 되겠지요.

만약 조금 구체적으로 쓰면,

'세면기 브러쉬로 닦고 걸레로 물기 없애기',

'물로 세면기를 브러쉬를 이용해서 닦고 물기를 창고에 있는 걸레로 닦아낼 것',

'물로 세면기에 끼얹으며 얼룩과 때를 브러쉬로 닦고, 물기는 창고에 있는 걸레로 닦아 낼 것',

'물로 세면기에 끼얹으며 얼룩과 때를 브러쉬로 닦고, 물기는 창고에 있는 걸레로 닦는다. 이때 거울도 같은 요령으로 닦는다.'

이런 식으로 점점 구체화해서 쓸 수 있겠지요.

만약 일주일에 한 번씩 세면기를 소독한다면
㉠ 물로 세면기에 끼어 얹으면서 얼룩과 때를 브러쉬로 초벌 닦기를 한 후
㉡ 창고에 있는 락스를 한 스푼 뿌린 후 다시 브러쉬로 닦아 내다.
㉢ 그 후 물 호스로 세면기 전체를 닦고
㉣ 창고의 걸레로 물기를 닦아준다.
㉤ 쓰고 난 브러쉬, 걸레, 락스는 모두 제자리에 둔다.

맨 처음보다 놀라울 정도로 세분화되고 구체적이지요?
그러나 처음에 ACTIVITY를 작성할 때는 이런 식으로 하지 마세요.

그냥 '세면기 닦기' 정도로 하고 우선 시작해 보세요. 그렇게 하다보면 내용이 뒤죽박죽 되어 걱정도 되겠지만 계속 써 가세요. 손님 입장을 생각해서도 쓰고, 주방에서 일하는 직원 입장에서도 써 보세요.

이렇게 순서 없이 쓰여진 ACTIVITY들을 나중에 정리하면 됩니다.

(3) ACTIVITY 분류

이제 앞서 작성해 놓은 내용들을 세 가지 카테고리로 분류해 보세요.
A 홀
B 주방
C 기타

이렇게 하다보면 '이 일을 주방에서 해야 하는지, 홀에서 해야 하는 일인지' 정리가 됩니다.

예를 들면 어느 식당에서나 해야 하는 수저 닦기를 생각해 보면 수저는 물론 주방에서도 닦을 수 있고 홀에서도 닦을 수 있지요. 그러나 여러 가지 감안하면 홀에서 닦는 게 더 일반적입니다.

하지만 홀에서 닦으려면 홀용 수도에서 더운물이 나와야 됩니다. 수저는 가장 닦기 힘들고 제일 예민해서 기름기나 자국이 남기 쉬워 수저 닦는데 더운물이 꼭 필요하기 때문이죠.

주 ACTIVITY / 부 ACTIVITY

ACTIVITY들을 적고 나서 그 내용들을 살펴보면 영업하는데 꼭 필요한 사항과 그렇지 않은 사항으로 나눌 수 있습니다.

앞에서 화장실, 세면기, 청소와 수저닦기 두 가지 ACTIVITY를 예로 들었는 데, 세면기는 좀 더러워도 장사할 수 있지만 수저는 닦지 않았다면 장사할 수 없겠지요.

바로 이렇게 영업에 직접적인 영향을 주는 ACTIVITY를 주 ACTIVITY라고 부릅니다. 그러니까 수저 닦는 일은 주 ACTIVITY, 세면기 닦는 일은 부 ACTIVITY인 것입니다.

(1) 담당자 정하기

그럼 이제 우리는 홀과 주방, 기타로 구분하고 주 ACTIVITY와 부 ACTIVITY로 분류한 표가 생겼습니다.

그럼 이 리스트 옆에 그 일을 담당할 사람을 써 보세요. 물론 사장도 포함해야 되겠죠.

> 수저 닦기 • • • • 홀 • • • • 성춘향

이런 식으로 작성하면 됩니다.

그리고 기간도 다음과 같이 나누어야 합니다.
① 일상(Daily)
② 주간(Weekly)
③ 부정기(Seldom)

즉, 영업 준비에는 매일 해야 되는 일상 준비, 일주일에 한 번 하는 주간 준비, 그리고 부정기적으로 하는 일들로 나눌 수 있습니다.

(2) 정리된 영업준비의 표준화

그럼 다시 앞서 예를 들었던 '세면기 닦기'로 돌아가서 살펴보면

일상 준비

ACTIVITY	준비물	담당
…	…	…
…	…	…
물을 세면기에 끼얹으며 얼룩과 때를 브러쉬로 닦고 물기는 걸레로 닦는다. 이때, 거울도 같은 요령으로 닦는다.	물, 브러쉬, 걸레	주방 이도령

주간 준비

ACTIVITY	준비물	담당
…	…	…
…	…	…
〈세면기 청소〉 1. 물을 세면기에 끼얹으며 얼룩과 때를 브러쉬로 초벌 닦기를 한 후 2. 유한락스를 한 스푼 뿌린 후 다시 브러쉬로 닦는다. 3. 물 호스로 세면기 전체를 세척한 후 4. 걸레로 물기를 닦아낸다. 5. 쓰고 난 브러쉬, 걸레, 유한락스는 제자리에 놓는다.	물, 브러쉬, 유한락스, 걸레	홀 성춘향

위와 같은 내용으로 작성해 나눌 수 있습니다.

여러분이 직접 해보면 나름대로 요령도 생기고 자기 가게에 적합한 스타일이 생길 것입니다.

이런 세부목록만 잘 준비되면 직원관리는 무척 쉬워지는 겁니다. 다만 서두르지 말고 천천히 해 보세요.

영업준비 - 업무분장

　이렇게 영업을 위해 해야 할 일들을 정리하고 필요한 준비물을 적고 매일 할 일과 아닌 일들로 분류하고 나면 자연히 직원마다 해야 할 일이 정리됩니다. 이것을 우리 가게의 직원들 업무분장이라고 할 수 있겠습니다.

　그런데 이때 주의할 것은 구체적인 직원 개인의 업무도 중요하지만 그 일이 갖는 비중에 따라서 업무를 나눠줘야 합니다. 예를 들면 주방장이면 주방장이 해야 할 일을 명확히 해줘야 하는 거지요. 물론 자신이 해야 하는 업무의 양도 적정히 배분해야 합니다.

　특히 식당에서 일하는 직원들은 수시로 그만 둘 수 있다는 생각을 해야 하고, 나중에 언급하겠지만 아르바이트 직원을 써야하는 경우 이 업무분장이야 말로 업무교육을 시키는 교본이 됩니다.

영업 끝내고
청소는 어떻게 하나

theme 10

동서양 문화의 차이는 여러 곳에서 나타나지만 일반적으로 우리나라 사람들은 자기 전에 샤워를 합니다. 반면, 서양인들은 주로 아침에 합니다.

식당의 경우 우리는 가게 청소를 주로 영업 시작 전에 하는데 비해, 서양에서는 영업 끝낸 후 의자를 전부 탁자에 올려놓고 바닥 걸레질까지 끝내고 퇴근합니다. 어떤 방식이 더 좋다고 얘기할 수는 없겠지요. 다만, 가게 여건에 따라 청소하는 방식은 다르지만 바닥이나 식탁에 묻어있는 음식물은 말라서 눌어붙기 전에 닦아야 청소하기 쉽습니다. 물론 영업 준비를 시작하기에도 좋은 점이 있어요. 피곤한데다 늦게까지 영업한 후 청소까지 하고 퇴근하기에는 좀 그렇고 새벽까지 영업하는 경우는 더 힘들지요. 저의 생각으로 좋은 방법은 1차 청소는 저녁에 영업 끝난 다음에 하고, 그 다음날 아침에는 재벌청소와 유리창 닦는 것 같은 일과 밝은 데서 해야 하는 수저, 컵 같은 것 닦는 것이 좋은 것 같습니다. 일종의 절충형이라고 할 수 있지요.

손님을
어떻게 응대하는가

theme 11

　　　　　식당에서 흔히 볼 수 있는 광경은 가게 주인이 형식적으로 인사를 하거나 손님에 대해 무심한 듯, 무관심한 듯, 못본 척 따로 노는 모습입니다. 물론 요즈음은 적극적으로 손님과 접촉하고 친분을 가지려는 사장들도 많이 있습니다. 그리고 외식업 전문가들은 손님에게 무제한의 친절을 주문하고 있고 '손님은 왕'이라고 가르치고 있습니다.

　　그럼 과연 어떻게 하는 것이 가장 좋은 사장의 손님 응대법일까요? 손님을 과연 왕으로 대해줘야 좋아할까요?

　　여의도에는 탤런트 '김종결' 씨가 하는 고깃집이 있습니다. 30여년 전부터 이런저런 장사로 실패도 경험했지만 지금 하는 고깃집은 장사가 아주 잘되는 편입니다. 그런데 그 가게에 가면 '손님은 항상 옳습니다.'라는 문구가 걸려 있습니다. 여러분은 이 문구를 보고서 어떤 생각을 하세요? 저의 경우는... 글쎄요? 사람들마다 다르겠지만 기분이 꼭 좋지만은 않다는 의견도 있습니다.

어쨌든 저는 한마디로 말해 '너무 지나치게 하지는 말라' 는 겁니다. 그 이유는 우선 우리나라 사람들은 과도하게 친절한 서비스를 받는 것에 대해 약간은 불편해 합니다. 좀 데면데면스러운 민족성에다가 서비스에 익숙하지도 않아서 입니다. 또 점차 식사 중 대화의 비중이 커져가고 있기 때문에 자칫 잘못하면 자기네들의 분위기를 깰 수도 있습니다. 따라서 너무 가깝지도 너무 멀지도 않은 그런 관계가 좋지 않을까요. 또 "어서 오세요!", "안녕히 가세요!" 같은 1차적이고 기본적인 응대는 젊은 직원들에게 맡기고 사장은 좀 더 은근하고 깊은 응대를 하면 좋을 것 같습니다.

그리고 건성으로 하는 인사나 손님 얼굴을 마주보지 않고 뒤통수에다 인사하는 일은 제발 하지 말기를 바랍니다. 손님을 응대하는 어투나 자세가 형식적이거나 건성으로 하면 손님들이 금방 알아 차립니다. 손님을 꼭 왕으로 모시지 않아도, 너무 고개 조아리며 친절을 베풀지 않아도 기쁜 마음, 진심 어린 말투와 자세가 손님들의 기분을 좋게 만듭니다.

잔소리하는 손님 어떻게 할까

　잔소리 참 듣기 싫지요? 그러나 잔소리하는 손님, 참 좋은 손님입니다. 그 잔소리가 음식에 관련된 것이든, 종업원이든, 다른 것에 대한 잔소리든 그 손님은 좋은 손님입니다. 아니, 더 정확히 말하자면 우리 식당에 호감을 갖고 있는 사람입니다. 어느 정도 자기 마음에 있고 입에 맞아야 잔소리가 먹힐 것 같아서 하는 것이죠. 쉽게 얘기하면 우리 식당을 좋아하는 유전인자가 많은 사람이지요.

　그럼 어떻게 해야 할까요? 당연히 잘해드려야죠. 잔소리 한 거는 어떻게 하죠? 즉각 조치해 줄 수 있으면 조치해 주고 바꿔 줘야 될 거면 바꿔 줘야지요. 혹시 음식에 무언가 빠졌다면(머리카락 등) 두말 말고 새로 바꿔주고 다른 테이블에 안 나가던 특별 반찬을 서비스로 드리면 좋겠지요. 하지만 그 중에는 잔소리를 위한 잔소리를 하는 못된 손님도 있기는 합니다. 저의 경험이지만 괜스레 까다로운 손님 중에는 마르고 안경 낀 여자 손님이 비교적 많았습니다. 한번에 시켜도 될 일도 두세 번씩 번거롭게 시킨다든지 하는 경우이죠.

버릴 손님과
챙길 손님이 있다

버릴 손님도 있다

식당 영업에 관한 교재나 강좌 등에서 모든 손님에게 골고루 친절하고 잘하라는 말은 금과옥조입니다. 한마디로 손님은 왕이라는 거죠. 대부분의 외식 전문가들도 그렇게 말합니다.

그런데 저는 이에 대해 다른 생각을 합니다. 손님 중에는 도저히 봐줄 수 없는 손님이 이따금 있습니다. 그런 손님일수록 매상도 적은 사람이 대부분입니다. 이런 손님이라도 한 번쯤이야 넘어갈 수 있습니다. 이런 일들이 두 번, 세 번 계속되고 그 사람으로 인해 영업에도 손실이 생기고 그보다도 내 자신의 속내에서 참을 수 없는 그 무엇이 치밀어 올라오게 하는 손님인 경우 저는 단언컨대 그런 부류의 손님은 버려야 한다고 말합니다. 식당을 운영하다 보면 정말 매너 없는 사람도 있거든요.

'이보다 더 좋을 순 없다'라는 영화를 본 적이 있을 것입니다. 영화의 앞부분을 보면 괴팍한 잭 니콜슨이 괴팍을 계속 떨자 여주인공이 말합니다. "다시는 우리 식당에 오지 말라."고.

그러니까 잭 니콜슨이 쩔쩔 맵니다. 실제로 서양의 식당문화는 그렇습니다. 아무리 손님이 왕이라고 해도 모든 손님이 왕은 아닙니다. 음식 장사를 하지만 인격이나 존엄성까지 버릴 수는 없지 않습니까?

그럼, 버리는 손님은 어떻게 하면 될까요?

1차로 할 것은 NO SERVICE로 하는 것이고, 그러고도 계속 와서 힘들게 하면 정중히 나갈 때 얘기해야죠. "이제 오지마!" 라고….

그리고 술을 파는 곳이라면 때로 술 먹고 행패부리거나 심한 술 주정을 하는 손님이 있습니다. 이 경우 두 가지인 데 기물을 부수거나 옆자리 다른 손님에게 시비를 거는 경우 입니다. 이럴 땐 고민할 것 없습니다. 바로 경찰에 신고하면 됩니다. 그런데 이때 신고하는 데도 요령이 필요합니다. 심각한 상황이 아니라면 112로 신고하지 마시고 동네 지구대로 신고하세요. 112에 신고하면 좀 복잡해지는 경우도 생깁니다.

챙길 손님은 더 많다

대부분은 챙길 손님입니다. 식당을 하는 입장에서 여러 명이 올수록 좋습니다. 그 중에는 우리 가게에 오도록 리드한 사람이 있기 마련입니다. 만일 회사의 회식자리라면 제일 높은 사람일 것 같지만 안 그런 경우도 많습니다. 하지만 그 사람이 누군지는 쉽게 감이 잡힙니다.

또 자주 오는 단골도 있고 올 때마다 매상을 많이 올려주는 사람, 심지어는 인간미를 풍기는 손님 등 챙겨야 할 사람들은 무지 많습니다.

가장 고마운 사람, 단골이란?

식당을 운영하는 입장에서 가장 고마운 사람인 '단골!' 그러면 단골은 자주 찾아온다는 뜻이니 얼마만큼의 빈도로 와야 단골로 부를 수 있을까요?

답은 단골이란 식당을 운영하는 사람이 느끼는 것이 아니고 손님 자신이 정하는 것입니다. 예를 들면 대구탕을 전문으로 하는 식당에 일주일이면 3~4번을 찾아와서 식사를 하는 손님은 분명 단골 중에 단골이지요. 그러나 한 달에 한두 번쯤 오는 사람은 식당 입장에서는 보통 손님이라도 손님 입장에서는 이 집은 단골집인거지요. 거의 매일 오는 손님은 워낙 대구탕을 좋아하는 사람이고 나중 사람은 이따금 대구탕이 생각나고 대구탕을 먹을 때는 자신의 단골집인 우리 식당으로 오는 겁니다. 매일 대구탕을 먹는 경우는 드무니까요. 특히, 이 사람이 사무실을 옮겨서 반년 지나도록 오지 않다가 근처에 볼일이 있어서 왔다가 우리 식당에 밥 먹으러 왔다면 분명 그 사람에게 우리 집은 진정한 단골집입니다. 따라서 단골은 손님 자신이 정하는 겁니다.

단골 손님 확보가
장사의 열쇠다

theme 15

　　　　　그럼 단골 손님을 우리 식당 입장에서 보면 아주 자주 오는 단골, 간간히 오는 단골, 아주 가끔 오는 단골로 나눌 수 있지요. 당연한 얘기처럼 장사하는 데 있어서 단골 확보가 얼마나 중요한지는 누구나 아는 사실입니다. 예를 들어 한 달에 두 번 오는 단골이 열 대여섯 팀이면 매일 같이 단골이 있겠지요. 이렇게 계산하면 하루에 단골이 열 팀쯤 되려면 실제로 백여 팀 이상의 단골이 있어야 가능합니다.

단골이 단골을 만든다

　사람들이 함께 밥 먹고 술 먹으러 다니는 사이는 어떤 의미든 비슷한 동류항들입니다. 쉽게 얘기해서 노는 스타일, 물(?), 이런 것들이 상당히 비슷한 사이가 대부분이지요. 단골은 간간히 멤버를 바꿔 오기 마련이고 그렇게 온 새 멤버가 새로운 단골로 탄생(?)되는 겁니다.

　또 단골은 돈 들이지 않고 업소를 알리는 홍보입니다. 자신 있게 주위 사람들에게 우리 가게를 추천하거나 함께 온 손님 일행에게 이렇게 말하지요. "이곳 참~ 맛있어!" 바로 우리 식당을 신뢰하게끔 만드니 이들이 다시 올 가능성은 아주 높습니다.

단골의 비율을 높여라

장사가 잘되는 식당일수록 오는 손님 중에 단골의 비율이 점점 높아집니다. 한마디로 불황을 안 탄다는 거지요.

여러분도 매일 장사하면서 단골의 비율을 가늠해 보세요. 개업 이후 지속적으로 오늘 온 손님 중에 단골이 몇 %인지? 그래서 그것을 일보 귀퉁이에 써 보세요. 또한 우리 식당에 단골을 어떤 방법으로 몇 % 올릴지 나름대로 연구해 보세요. 일단 목표를 세우되 50% 이상으로 하고, 최대 80%까지 올리면 완전 성공하는 겁니다.

맛이 우선이다

그러면 어떻게 단골을 확보하느냐가 문제입니다. 단언컨대 무엇보다도 우선은 '맛' 입니다. '맛' 이 든든히 받쳐주어야 하고 그 다음에 뭔가가 더 있어야 합니다. 직원들이 친절하며, 주인의 예의 바른 자세나 친근하고 진정성 있는 모습이야 장사하는 사람이라면 기본이겠죠.

우리 식당에 두세 번 오는 손님은 척 알아봐 줘야 합니다. 자신을 기억해 주면 기분이 좋은 것은 당연하니까요. 또 자주 온다고 판단되면 뭔가 좀 소소한 것이라도 특별히 챙겨주는 서비스를 해주는 것입니다. 예를 들어 단골이 가족과 함께 식사하러 왔다면 양이나 질에서 보다 풍족히 드리는 것도 한 방법입니다.

친지는
단골이 아니다

식당을 개업할 때 빠지기 쉬운 오류 중에 하나는 가족, 친척, 동창, 친구 하다못해 사회 친구, 군대 전우까지 가게에 와 주는 것을 손님이라고 생각하는 것입니다. 특히 사회성이 좋은 사람일수록 주변에는 교분이 있는 사람들이 많이 있기 마련인데 그럴수록 빠지지 말아야 할 함정이 있습니다.

분명히 말씀드리지만 친지들은 손님이 아니고 더더구나 단골은 절대 아닙니다. 개업한 후 그렇게 찾아왔던 사람들은 모두 다 '인사' 온 것입니다. 결혼식장에 가서 부조를 하듯 그냥 '인사' 온 것입니다.

인사라는 거는 자주 하는 게 아니지 않습니까. 우리 입장에서야 매일 같이 사먹는 음식이고 자주 먹는 술인데, 특히 직장이나 집에서 먼 곳도 아닌데 이왕이면 "친구네 식당에서 먹자!" 그럴 것 같지요? 아닙니다. 너무 기대하지 마세요. 한가지 더하면 '솜씨가 좋으니 개업하면 많이 팔아 줄게' 하는 사람들 절대 믿지 마세요. 그걸 기대하면 장사 망합니다. 단언코 장사는 모르는 사람한테 하는 것입니다.

식당 최대의 목표_
손님이 배불러야 한다

이것 역시 많은 분들의 가르침이나 교본과는 배치되는 말입니다. 다수 외식 전문가들의 얘기는 배고픈 시대는 지났으니 "지금은 분위기를 팔아야 한다."고 말합니다. 그래서 인테리어가 어떻고 뭐가 어떻고 하는데, 결국 그게 답은 아닙니다.

식당은 기본적으로 배불러야 됩니다. 이것은 상당히 중요한 것입니다. 포만감은 인간이나 동물이나 원초적 본능이지 않습니까?

그럼 어떻게 손님의 배를 부르게 더 주느냐가 문제입니다. 먼저 배부르다는 현상은 어떤 것인지를 생각해 보세요. 특별한 사람을 빼고는 먹는 양은 비슷한 거고, 배가 차기 시작하다가 조금만 더 먹으면 아주 배부른 느낌이 오지 않습니까? 결국 배가 부르고 안 부르고는 생각보다는 아주 작은 양에 따라 결정되는 것입니다. 여러분도 왜 많이 경험했지 않습니까? 남긴 밥의 마지막 한 숟갈이 먹기가 더 힘들다는 것을….

그리고 또 한 가지 말씀드리면 우리 민족은 '덤'을 아주 좋아합니다. 한마디로 '공짜'지요. 그것이 원가에 포함됐는지 아닌지는 두 번째고, 무언가를 그냥 주면 무척 좋아합니다. 저도 그러니까요.

물론 식당은 식사 위주의 식당과 술 위주의 식당으로 나눌 수 있지만 식사 위주의 식당인 경우는 배부르게 하기 위해서는 반드시 '조금 더와 덤'을 실천해야 합니다.

예를 들면 밥 그릇은 다른 식당보다 조금 더 큰 것을 씁니다. 물론 젊은 여성에게는 예쁘고 양이 적은 그릇을 사용할 수도 있지요. 또 흔히들 사용하는 그 조막만한 스텐 그릇, 보기도 참 뭐~ 같잖아요? 귀한 손님일수록 고급 식기에 음식을 대접한 우리 어르신들을 생각하면 푸짐해 보이면서도 고급스런 그릇에 담는 정성은 손님을 감동시킵니다. 젊은이들이 공기밥을 추가하면 추가한 밥 값은 받지 마세요.

'덤'은 무언가를 더 주는 것입니다. 예를 들면 메추리알을 삶아서 식사 나가기 전 자기들 얘기 나누는 동안 먹을 수 있도록 준다든가 하는 식입니다. 메추리 한 알에 얼만지 아시지요? 제법 싼 편입니다. 그러나 먹는 입장에서는 무지 좋아하고 식사 나올 때까지 지루하지 않고 또 식당 최대의 화두인 배도 불려주지요.

이런 식으로 자기 식당에 '조금 더와 덤'을 개발해야 합니다. 특히 점심식사가 위주인 식당인 경우는 '조금 더'와 '덤'은 가장 강력한 무기입니다.

theme 18

여자들이 더 먹는다?

초짜 사장들이 식당을 개업하고 나서 놀라는 것 중 하나가 여자들이 더 많이 먹는다는 것입니다. 물론 아닌 경우도 많지요. 그러나 일반적으로 알고 있던 것보다 여자들이 더 잘 먹습니다.

그런데 웃기기도 하고 재미있는 것은 똑같은 여자도 여자들끼리 왔을 때는 많이 먹다가도 남자나 남자들과 같이 오면 적게 먹는다는 거지요. 참 웃기지 않나요? 또 남자들과 함께 오면 먹고 난 식탁이 비교적 깨끗한데 여자들끼리 오면 남자들 못지 않게 지저분하게 먹는다는 겁니다.

손님들 중 여성들이 많은 경우라면 여성들을 감동시킬 뭔가를 찾아야 합니다. 여성들의 파워는 잘 아실테니까요. 예를 들어 여성들이 좋아하는 후식을 제공하거나 매장 데코레이션을 할 때 아기자기한 소품을 두는 것도 한 방법이지요. 또 영업 방침상 여성 고객에게 특별한 뭔가를 주는 것도 차별화 요소가 됩니다.

언제나 똑같은 맛을 유지해야 한다

손님 입맛은 속일 수 없어요. 손님들은 정말 여우랍니다! 음식 맛이 조금만 달라도 금방 눈치채며 알아요. 왜 흔히들 우리도 단골 식당에 갔다가 맛이 달라졌으면, "이 집 주방장 바꿨나?"라고 생각이 들어 유심히 보면 영락없이 주방장이 바뀌었잖아요?

결국 대박 나는 식당은 언제나 똑같은 맛이 유지되어야 합니다. 하지만 그 똑같은 맛을 유지한다는 것이 생각보다 힘들지요. 똑같은 사람이 똑같은 재료로 같은 방법으로 만들어도 맛이 달라요. 엄밀히 말하면 만들 때마다 다른 것이 음식 맛이고 그렇게 맛은 미묘합니다.

왜 세계의 일류 셰프(요리사)들이 대부분 남자인 줄 아세요? 우리가 알고 있는 상식선에서 보면 요리라는 것이 아무래도 남성보다는 여성이 여러 가지로 우위인 것 같은데도 실제로 셰프는 남성이 훨씬 많다고 합니다. 요리라는 것이 많은 체력을 필요로 해서 그런 이유도 있지만 그보다는 여자는 기본적으로 감정의 기복이 크고 특히 생리적으로도 변화가 많아서 요리의 맛을 균일하게 내기가 어렵다는 것이 가장 큰 이유라고 전문가들이 말합니다.

　일본에 100여 년이 넘은 유명한 라면 집에서는 맛을 유지하기 위해 아직까지도 국물 내는 솥을 100여 년 동안 한 번도 닦아내지 않고 계속 물을 부어 써서 지금도 100여 년 전 원조 할아버지 때의 맛과 같다고 광고하고 있습니다. 좀 그렇게 보이지만 그게 다 맛이 같다는 상징 아니겠어요?

　결국 음식점은 맛으로 승부를 내야하는 것은 두말하면 잔소리입니다. 그렇다면 똑같은 맛을 유지하기 위해서는 아니 엄밀히 말해 손님들이 눈치채지 못하는 범위 내에서 음식이 만들어지기 위해서는 '표준화' 밖에는 방법이 없습니다. 표준화를 세세하게 하면 할수록 '같은 맛'을 내게 되겠지요.

　원재료의 선도(鮮度)와 품질, 양, 조리시간, 불의 세기 등은 물론 음식에서 가장 중요한 간까지 '얼마만큼의 양을 어떻게'를 반드시 표준화해야 합니다. 또한 음식에서 중요한 양과 조리온도를 표준화하기 위해서는 계량컵과 조리용 온도계를 준비해야 합니다. 그 다음이 바로 잘되었는지 점검하는 일입니다. 수시로 맛을 봐서 상태를 확인해야 합니다. 누가요? 바로 사장이지요. 그런데 그게 쉽지 않는 게 현실입니다. 음식점을 하다보면 매일 보는 음식을 맛보기가 싫어집니다. 한마디로 질리는 거지요. 왜 자기가 만든 음식 먹기 싫은 것과 같은 마음이지요. 그래도 사장은 맛을 꼭 봐야 됩니다.

　또한 음식 조리의 표준화를 해야 하는 이유 중에 하나는 여러 번 언급했지만 주방장이 이직하는 경우가 많아서 본의든 아니든 사람이 바뀔 수 있다는 것에 대해 항상 대비해야 되기 때문입니다.

그런데 이것 또한 문제입니다. 음식은 손맛인 데, 아무리 똑같은 재료로 똑같이 만들어도 맛이 같지 않으니 어떻게 하면 좋을까요? 이래서도 사장이 음식 맛에 대한 기준을 가져야 됩니다. 요즈음 식당은 프랜차이즈 가맹점이 대세라 여기저기 우후죽순으로 생겨나서 사라지고, 또 식자재업체에서 만들어진 음식으로 식당 대부분이 운영됩니다. 그러다보니 가게만 다를 뿐 음식은 그저 그런 맛을 내고 있을 뿐입니다. 대박 나는 식당은 음식에 대한 어떤 맛을 분명히 가져야 합니다.

여러분은 음식 맛의 표준화를 당연히 알고 있거나 별것 아닌 것으로 생각할 수 있습니다. 왜냐하면 프랜차이즈 본사에서 제공하는 원재료와 조리법에 따라 그냥 하면 되니까요. 하지만 식당으로 성공하려면 다시 생각해야 합니다. 어떤 유명 프랜차이즈 가맹점이라도 그 음식에 견주는 다른 업체가 등장하거나 손님들의 입맛에 변화가 있다면 식당은 직격탄을 맞습니다. 또한 우리 식당 인근에 프랜차이즈 다른 지점이 있을 뿐만 아니라 음식에도 유행이 있고 독립식당이 아닌 경우라면 성장하는 데 한계가 있습니다. 나만의 음식 맛으로 독립식당을 키워 성공하려면 분명 다른 음식점과 차별화된 맛과 그에 따른 조리법 표준화가 필요합니다.

TV 프로그램 중에 '착한식당' 이야기가 화제가 된 적이 있습니다. 식당 주인의 고집스런 원칙에 따라 신선한 음식재료를 준비하고 자기만의 맛을 내기 위해 노력하는 모습은 참 보기 좋았습니다. 개업 후 3년 정도가 평균 수명이라는 식당의 경영현실을 KB경영연구소 통계가 말해 주듯, 100년이 넘는 식당으로 나아가기 위해서는 내 식당이 프랜차이즈나 조리된 식재료로 운영되면 안되겠죠?

김치의 맛은 숙성이 좌우한다

theme 20

이제 반찬 중에 제일 중요한 김치 얘기를 하려고 합니다. 김치 얘기는 발효 이야기이기도 합니다. 발효에 대한 얘기 중에 김치를 대표로 짚었지만 김치야말로 우리 민족에게서 뗄 수 없는 기본 식품입니다. 그래서 반찬 중에 김치는 왕이라 할 수 있지요.

우리나라 김치가 몇 종류쯤 되는지 아세요? 한 120여 가지 된다고 하는데, 혹자에 따라서는 200가지까지도 말하니 참 많지요? 이렇게 우리가 늘상 먹어오는 김치 중에서 정말 맛있게 먹었던 김치에 대해 기억해보면 십중팔구는 김장독에서 꺼낸 김치일 것입니다. 즉, 발효가 잘된 김치지요. 맛있는 김치에 대한 해답은 이 속에 있는 거죠. 그러나 이제 더 이상 땅에 파묻은 김치를 손님에게 제공할 수는 없는 것이 현실입니다.

그럼 자연이 아닌 인위적으로 만든 어떤 조건에서 김치가 가장 잘 숙성시킬 수, 익힐 수 있을까요? 그 답은 7도에서 5일간 숙성하는 것입니다. 요즈음 김치전용 냉장고가 보편화되어 있는데, 이 냉장고의 원리도 바로 이것입니다. 그런데 아무리 김치 냉장고를 잘 만든다 한들 김장독 김치 맛만은 못하지요. 왜일까요? 그 비밀은 바로 김장독, 옹기에 있기 때문입니다.

우리 조상들이 얼마만큼 발효에 대해 뛰어났냐는 옹기만 봐도 알 수 있습니다. 한마디로 옹기는 숨쉬는 그릇으로 물은 빠져나가지 않지만 발효를 돕는 공기(발효균)는 드나들 수 있는 그런 숨쉬는 그릇입니다. 우리 조상의 지혜를 엿볼 수 있죠. 지난해 초겨울에 담근 김치를 이듬해 오뉴월에 먹던 맛이나 해를 넘겨 2년씩 된 곰삭은 김치를 이젠 먹기 힘들어졌습니다. 물론 아직도 어떤 식당은 그런 김치를 내놓고 있답니다.

김치 맛을 보면 그 식당의 음식 맛을 알 수 있다고 많이들 생각합니다. 예를 들어 칼국수나 설렁탕 등을 내놓는 식당에서 김치는 주요한 식단이기에 유명한 집일수록 김치 맛은 일품입니다. 주요 식단이 김치만이 아니라도 우리 식당의 김치 맛에 대해 신경을 많이 써야 됩니다. 또 겉절이가 아니라면 손님에게 낼 때 모양 있게 잘 썰어서 내놓아야 합니다.

그리고 김치를 매번 담그는 일도 무척 큰일입니다. 대전의 한 모시조개 칼국숫집은 매일 김치 담그는 양이 거의 작은 트럭 한 대분이라니 엄청 일이 많겠죠. 만약 많은 양의 김치가 필요하지 않다면 직접 만들지 말고 김치 회사에서 배달받아도 됩니다. 다만, 김치 만드는 곳은 무지하게 많고 따라서 맛도 차이가 나니 잘 판단해야 합니다. 값도 생각보다 비싸지 않아요. 물론 이 때도 날김치가 오니까 잘 숙성시켜야 됩니다. 숙성은 김치의 맛을 좌우하는 중요한 요인입니다.

빈자리가 없어서
손님을 못 받는다?

　　손님이 많아 새로 온 손님이 앉을 자리가 없어서 그냥 나가면 상당히 미안하고 뭔가 잃어버린 것 같은 마음이 들게 마련입니다. 쉽게 얘기해서 뭔가 내가 잘못한 것 같은 마음이 드는데, 꼭 그렇게 생각하지 마세요. 식당 운영에서 이런 경우는 참 기분 좋은 일입니다. 사람이 너무 많아서 못 먹고 간 손님은 생각보다 그리 기분 나쁘지도 않을 뿐더러 대부분은 다시 옵니다. 그보다 더 좋은 것은 밖에서 자리가 날 때까지 기다리다 먹고 가는 건데, 이게 바로 식당이 꿈꾸는 목표라고 할 수 있지요.

　그러나 기다림의 미학이 아직은 부족한 우리나라에서는 무척 힘든 일입니다. 점차 줄을 서고 표를 받고 기다리는 모습이 여기저기서 보이지만 좀더 기다려봐야 되겠지요. 몇 해 전 런던에 갔을 때 저녁식사 시간이 되어서 영국 사람과 같이 스테이크를 잘한다는 집에 갔지요. 밤 8시가 좀 지나서 내 배는 시장할 때였는데, 식당에 도착하니 몇 명이 문 앞에 줄을 서서 기다리고 있었습니다. 식당이 만원이여서 자리가 나기를 기다리고 있었습니다. 그날 밤은 비가 주룩주룩 내리는데 우리도 우산 쓰고 밖에서 기다릴 수밖에요. "꽤 맛있는 집이라는데…"

식당은 아주 작은 규모였는데 자세히 들여다보니 대부분의 테이블에서 손님들 식사는 끝났더군요. 저는 이해가 안 돼서 동행한 영국인에게 식사가 끝난 것 같은데 왜들 안 나오냐고 물었지요. 그 이유는 '시가' 였습니다. 그 업소는 식사 끝나고 후식으로 시가를 선택할 수 있는데 손님들이 저마다 시가를 피는 거였습니다. 그 시가라는 게 한 대를 한 시간 필수도 있잖아요. 밖에 줄서 있는 사람들을 아랑곳하지 않고 그렇게들 담소 나누며 여유 있게 피우는 거였습니다.

성미 급한 이 배달민족 그냥 있었겠어요? 지랄(?)을 좀 했지요. 시가는 나와서 피어도 되는거 아니냐고 그랬더니, 같이 간 영국인이 뭐라는 지 아세요?

"내버려 둬. 나도 들어가면 저렇게 충분히 시가를 즐길 거니까. 저 사람들도 충분히 즐길 권리가 있잖아!"

그때 한 수 배웠습니다.

"아~! 줄을 잘 서는 것은 자기에게도 똑같은 그 어떤 것이 주어진다는 보장이 있을 때 자연스럽게 가능한 거구나!"

물론 우리들도 세계적으로 맛없기로 유명한 영국 음식을 먹고 폼 나게 시가 한 대 피우고 나왔지요.

식사는
금방 나와야 한다

theme 22

　　　　　　바로 앞에서 영국의 시가 얘기를 하고 식사가 금방 나와야 한다고 얘기 하니 좀 그렇습니다. 이게 우리가 사는 곳의 현실이니까요. 어쩌면 여유있는 마음을 갖고 싶고 '느림'에 관한 책을 열심히 보고들 있지만 그건, 따스해지기 시작하는 봄날 차창 밖에 푸르름을 더해 가는 풍경을 보다 불현듯 '떠나고 싶다'는, 그러나 결국 떠나지 못하는 것과 같은 맥락으로 보입니다.

　특히 점심식사, 그 중에도 샐러리맨들이 손님의 주류라면 빠른 식사는 나머지 약간의 시간을 휴식 시간으로 쓰고 싶어서 그럴 수도 있는 거지요. 하지만 주문과 동시에 식사가 테이블에 놓여져서는 안됩니다. 그 미묘한 잠시동안 기다림의 시간이 필요합니다.

　손님 입장에서 음식이 자기를 위해 준비되어야 하지, 준비된 식사를 그냥 먹는 것은 싫어합니다. 그 한 템포 늦추는 시간에 물을 가져다 준다거나 '덤'을 주는 것으로 약간 지루함을 메울 수 있겠지요.

　그러면 음식을 준비하는 주방에서는 손님이 기다리는 시간을 줄이기 위해 미리 준비해둬야 합니다. '얼마만한 양을 어느 정도까지 조리해서', 이것이 잘 되어야 함은 두말할 필요가 없지요.

　일전에 벤처회사들이 많다는 서울 가산동에 간 적이 있는데 점심시간에 식당 안은 북새통이었습니다. 젊은이들이 대부분인 이곳에 점심 식사는 어떤지 보려고 백반을 시켜 먹었습니다. 쟁반째 나올 정도로 미리 주방에서 반찬을 담아 내놓는데 음식이 거의 마른 상태였어요. 최소한 1시간 전부터 담아 놓은 것 같은데 이건 아니라고 봅니다. 밥 먹을 곳이 부족하고 짧은 시간에 많은 손님이 와서 빨리 먹고 가야 하는 이곳 분위기라 어쩔 수 없다고 해도 이 식당은 앞날이 훤 합니다. 이 보다 나은 조건의 식당이 생기면 손님은 거기로 갑니다.

　내 식당에 오는 손님에게 금방 식사를 제공해야 하지만 최상의 상태인 음식을 내놓아야 합니다. 그러기 위해서는 구운 김이나 멸치볶음처럼 미리 담아 놓을 수 있는 음식이 아니라면 주방에서 밑반찬으로 내놓을 음식은 담을 그릇과 함께 순서대로 배치하고 손의 움직임을 빨리 하여 음식을 담도록 숙달시켜야 합니다. 다시 한번 강조하지만 "바쁘니까 뭐 문제가 되느냐, 만들어 놓은 음식인데 아무렇게나 드려도 된다."는 생각은 금물입니다. 심지어 우동 먹는데 거의 말라버린 단무지를 내놓는다면 그곳에 가겠어요? 아무리 바빠도 그렇지.

식사 후
후식을 제공한다?

식사 후 커피나 음료, 과일이나 케익 등 다양한 후식이 제공됩니다. 삼겹살이나 갈비를 먹은 후 냉면을 후식으로 주는 경우나 아이스크림이나 호박죽 등을 제공하기도 합니다. 그래서인지 요즈음 후식은 식사 후의 일상처럼 손님들도 인식하고 있지요. 후식은 애초 마케팅 차원에서 시작되었으며, 뭔가를 더 주는 '덤'을 통해 손님 만족을 이끌기 위한 것이었죠.

후식은 식당의 규모나 메뉴, 객 단가 등에 따라 차별화가 필요합니다. 후식 제공을 위한 제반 준비로 금전 지출도 문제지만 일이 많아져 홀 인원을 늘려야 하거나 주메뉴 준비나 고객 대접에 신경을 덜 쓰게 된다면 배보다 배꼽이 큰 경우가 됩니다. 따라서 우리 식당의 여건을 우선 파악하고 결정해야 합니다. 주변 여러 업소가 커피자판기를 임대해 커피를 준다고 하니 '우리도 똑같이 해야지' 하는 생각은 금물입니다. 후식은 본질적으로 손님 만족을 좀 더 높이기 위한 것이니 주더라도 '만족'을 이끌어내지 못하면 주지 않는 것보다 못합니다.

따라서 주로 찾는 손님층, 판매하는 음식 특징, 주변 업소 후식 내용, 후식 준비시간이나 제반 비용 등을 고려해야 합니다. 예를 들어 서울 대치동의 어떤 중저가 한정식집은 식사 후 후식으로 카푸치노나 카페라테, 마끼아또 등을 제공합니다. 물론 평일 오후까지지만 고급 원두를 직접 갈아 손님들에게 내어주니 예약을 해야만 여기서 밥을 먹을 수 있습니다. 이 컨셉은 낮시간에 단체 중심으로, 또 모임이 많은 주부고객을 타킷으로 기획되어 식사가 끝난 후 커피집에 가지 않아도 되며, 돈도 아끼고 담소도 나눌 수 있으니 히트를 칠 수밖에 없겠죠.

그런데 작은 규모 식당이라도 식후 커피나 음료 등 후식 서비스를 하려면 몇 가지 고민부터 해야 합니다.

① 후식을 줄 건지 말 건지
② 후식을 무엇으로 할 건지
③ 용기는 어떤 것을 쓸 것인지
④ 준다면 셀프서비스로 할 건지, 가져다 줄 건지
⑤ 후식으로 인해 얼마만큼 일이 늘지, 테이블 회전이 늦을지 등

이 모든 것에 대한 정답은 결국 사장 스스로 찾아야 합니다. 우선적으로 손님이 좋아 해야 하고, 추기비용이 부담스럽지 않는 범위 내에서 타 식당과 차별화된 후식을 제공한다는 원칙에서 출발하기 바랍니다. 어설픈 다과 제공으로 일이 많아지거나 비용 지출이 확대된다면 차라리 주메뉴에 그만큼 신경쓰는 것이 손님들의 환영을 받습니다.

먹고 난 자리는 금방 치우지 마라

theme 24

음식점을 경영하면 '식당은 깨끗해야!' 한다는 고정관념에 쉽게 빠집니다. 청결과 위생을 강조하니 그럴만 하지요. 그래서 식사가 끝난 지저분한 테이블을 손님이 일어서자마자 곧바로 치우는데, 그러지 마세요. 이유는 손님이 왔을 때 너무 썰렁한 것보다는 '아~! 손님이 많았구나.' 하는 느낌을 주기 위해서죠. 또 나가는 손님도 일어서자마자 쏜살같이 치우면 별로 기분 좋지 않잖아요? 이 말은 점심 때 손님이 많아 다음 손님을 위해 빨리 치우는 경우나 손님이 별로 없는데도 계속 치우지 않고 지저분한 상태를 유지하라는 뜻은 아니니 오해 없기 바랍니다. 그리고 손님이 나간 후 테이블에서 그릇을 걷어오는 일은 생각보다 상당한 요령이 필요합니다. 다음과 같이 걷어오면 설거지가 훨씬 쉬워지죠.

① 버릴 음식들은 먼저 한쪽으로 몰고
② 설거지 장소에 따라 주방과 홀로 나누어서 정리하고
③ 컵과 수저는 별도로 정리하고
④ 휴지나 일회용품 등의 쓰레기는 별도로 치운다.

식사한 자리를 보면 그 사람을 알 수 있다

교육, 경제력, 가치관, 인생관 등 한 사람을 표현할 수 있는 것들은 참 여러 가지지만 가장 기본적인 사람 됨됨이는 식사한 자리를 보면 그대로 그 사람의 인격이 묻어 나옵니다.

한마디로 깔끔한 성격이면 먹고 난 자리도 깨끗하고, 그 반대는 먹고 난 자리도 지저분합니다. 음식물을 흘리거나 떨어뜨리는 것은 물론이고, 식탁에서 식사를 했다기보다는 격렬한 전투를 치르고 난 전장 같은 식탁도 여기저기 보입니다.

심지어 주위 손님을 아랑곳하지 않고 큰 소리로 대화하는 사람들이나 함께 온 아이가 식당 전체를 헤집고 다니도록 내버려 두는 것도 다반사입니다. 또 식당까지 꼭 반려견을 데리고 와야 하는지….

하지만 사용하고 난 수저까지 똑바로 해놓고, 일어서서 의자를 밀어서 제자리에 놓고 가는 사람들도 있습니다. 그런 사람들은 단골 가능성도 높고 다시 한번 쳐다보게 됩니다. 역시 생긴 것부터 매너가 있다는 말이 헛말이 아니더라고요. 그러니 그분들을 더 챙기게 됩니다.

주인이 식당의 얼굴이다

theme 26

여러분이 단골로 찾는 식당에서 누가 가장 먼저 떠오릅니까? 주인인가요? 이 얘기를 굳이 하는 이유는 그 만큼 식당 주인의 느낌이 중요하다는 것을 강조하기 위해서입니다.

홀에서 근무하는 종업원은 물론 주방장까지도, 만약 음식 맛만 눈치 못 챌 정도라면 사람이 바뀐 것을 대부분 모릅니다. 다시 말하면 종업원이 바뀐다고 해서 손님한테 크게 영향을 주지는 않는다는 거지요. 그러나 주인은 다릅니다. 영업하고 있던 식당을 수리도 안 하고 그 간판 그대로 주방을 포함한 모든 종업원까지 인수해서 계속 영업을 하더라도 주인이 바뀌면 다들 알아 봅니다. 그래서 잘되던 식당을 인수해도 실패하는 경우가 많아요.

그렇다면 주인이 모든 서비스에 직접 나서야 하나요? 그렇지 않습니다. 주인이 앞장서서 너무 설쳐대지 않아도 자신이 갖고 있는 분위기가 있는 것이죠. 그 자신의 분위기로 식당 분위기를 리드하고 전체적으로 친절하고 따뜻한 식당으로 연출하면 되는 겁니다.

장사가 잘될 때 긴장하라

장사가 잘될 때 자만은 금물입니다.

소주 이름도 있지만 '처음처럼'이라는 말은 모든 창업자에게 금과옥조입니다. 식당을 개업할 때 가졌던 마음이 그대로인 사장들은 지금도 역시 대박 식당을 운영하고 있습니다. 사실인지 직접 물어볼 수 없다면 TV 프로그램이나 잡지, 책에서 성공한 이야기를 들어 보세요. 초지일관된 자세가 성공을 부르지, 혹한 마음에 괜한 곳에 신경 붙이면 그때부터 손님이 줄어 듭니다.

장사가 안될 때 누구나 가질 수 있는 의문들입니다.
① 내가 무얼 잘못하고 있을까?
② 음식이나 가게에 개선할 점은 무엇일까?

자신에게 이런 질문들을 장사가 잘될 때도 해야 합니다. 꼭~ 꼭~ 꼭! 화두를 붙잡고 수행하는 수도승 같이….

이 질문들을 끊임없이 자신에게 해야되고 변화시켜 나가야 대박 장사의 대열에 합류합니다.

기획 영업을 찾아라

theme 28

제목을 잡다보니 좀 어려운 말이 됐는데, 기획 영업이란 일반적인 영업이 아니고 계획을 세워서 하는 영업을 의미하는 말입니다. 찾아오는 손님만 기다리는 영업 형태를 1차 영업이라고 하면, 앞에서 얘기한 전단지를 돌리거나 각종 언론매체로 광고하는 것 등을 2차 영업이라고 할 수 있겠습니다. 저는 여기서 기획 영업을 3차 영업이라고 부르고 싶습니다. 기획 영업 역시 우리 식당의 메뉴나 분위기에 따라 달라지는 것이겠지만 몇 가지를 구체적으로 생각해 보면 다음과 같습니다.

모임을 유치하라

(1) 정기적인 모임

어느 누구든 서너 개의 정기적인 모임은 있고 모임의 대부분은 식당에서 하잖아요? 그런데 막상 모임을 하려면 선택하기 힘든 게 식당입니다.

이런 모임을 유치하기 위해서 우선 가까운 친지들의 모임을 유치해 보십시요. 말 꺼내기가 어렵지만 그래도 해야죠. 또 동호회의 경우도 회원들 모두에게 "야! 우리 식당으로 와라."라고 얘기하기 힘들지요. 물론 알아서 와주면 좋은 거지만, 그렇지 못한 경우에는 그 모임의 KEY, 즉 총무같은 이에게 슬쩍 부탁하는 수밖에….

(2) 아줌마 모임

그 다음에 아줌마 모임을 적극 유치해야 합니다. 외식 모임은 생각보다 아줌마들이 무척 많이 하고 아줌마의 특징인 시끄럽고, 오래 있는 문제점을 자신들도 잘 알아서 가장 손님이 적은 시간대에 예약들을 합니다. 이것은 식당으로도 좋은 거지요. 아줌마 모임의 주의점이 있다면 깔끔하고 음식 많이 주고, 커피 등도 주는 거야 기본이지요. 거 참, 이분들 무척 드시지요!

(3) 직장의 회식모임

직장의 회식모임을 공략해야 합니다. 앞에 탤런트 '김종결' 씨 고깃집 이야기를 했는데, 그분도 여의도 지역이라 직장인이 많기 때문에 특히 '적금'을 들어가며 금융권에 영업했다고 합니다.

회식모임이 점점 줄어들고 있고 또 음식이 아닌 다른 형태로 친교를 나누기도 하지만 아직까지는 작건 크건 회사마다 회식을 하고 있습니다. 이때는 두 가지가 좋은데, 인원이 비교적 많이 오고 매상에 신경쓰지 않는다는 것입니다. 또한 한번 정해지면 귀찮아서라도 계속 그곳에서 하는 속성도 있습니다. 푸짐하게 내놓고 회식이 잘 될 수 있도록 신경 쓰면 됩니다.

(4) 특별모임

특별모임은 식당의 규모나 분위기에 따르는 거지만 요즈음은 아기 백일도 자기 집에서 안 하는 시대니까 졸업, 생일, 합격, 소모임 등 이런저런 모임 이벤트를 할 수 있도록 준비, 홍보할 필요가 있습니다.

식권을 발급하라

회사 중에는 의외로 점심을 제공하는 회사가 많고 특히 자주 야근하는 회사는 저녁도 제공합니다. 그런데 대기업은 구내식당을 운영하고 또 많은 회사들은 점심을 제공하고 있지 않습니다. 여기서 기획 영업과 관련해 얘기하는 대상은 점심을 제공하는 회사이죠. 우리 식당이 직원들의 식사를 제공하는 회사의 구내식당 기능을 하자는 것입니다. 여담으로 정확치는 않아도 대충 식수인원 50명 이상이면 자체 식당을 만드는 것이 유리합니다. 쉽게 얘기하면 직원 100명 이상은 되어야 자체 식당이 가능합니다. 외근하는 인원도 있으니까요.

우선 식당 인근에 위치한 작은 규모 회사부터 시작하세요. 식권을 발급하려면 작은 규모 회사의 경우 사장의 의견이 중요하겠지만 회사 경영진, 경리 책임자, 그리고 직원들이 동의해야 됩니다. 장사하다 보면 손님이 먼저 식권 발급이 가능한 지 물어보는 경우도 있고, 또 간부로 보이는 손님에게 회사 식권발급에 대해 물어볼 수도 있습니다. 한가한 시간에 사장이 직접 인근 회사에 방문하는 열의도 필요합니다. 이런 노력으로 식권 발급은 가게의 안정적인 매출을 올릴 수 있죠.

하지만 식권을 발급하면 문제점도 있습니다. 음식이 물리지 않게 메뉴를 자주 바꿔서 해줘야 하니까요. 이에 따라 식당 메뉴 자체의 혼란이 오고, 준비가 번거롭기도 합니다.

특별 이벤트를 하라

특별 이벤트는 그야말로 특별한 거니까 각 식당마다 다릅니다. 워낙 다양한 형태의 이벤트가 있으니 주변 식당이나 인터넷에서 광고로 나오는 이벤트를 우리 식당에 맞게 해 보는 것도 한 방법입니다. 또한 규모가 있다면 멤버쉽 카드를 발행하거나 포인트 카드를 만들어서 몇 번 이상 오면 뭐 하나를 거저 준다든가, 창업기념일을 빙자(?)해서 할인 행사를 한다든가, 이런 것들이 전부 특별 이벤트입니다.

언론, 인터넷 등에 홍보

음식과 관련된 TV 프로그램은 점점 늘어나고 있고 다양한 주제로 맛집이나 조리법 등을 소개하고 있습니다. 케이블 채널이 너무 많아서 리모컨으로 누르기도 손이 아플 정도이고, 가까운 일본이나 중국 등 동양권 나라들도 음식에 대한 관심이 더욱 높아지고 있습니다.

이처럼 사람들이 음식에 대한 관심이 높으니 TV 채널, 신문이나 잡지, 라디오, 인터넷 커뮤니티 카페, 자신의 블로그, SNS 등을 통해서 자신의 식당을 적극적으로 홍보해야 합니다. 대신 홍보시켜 준다고 제법 많은 돈을 요구하는 업체는 주의하고 식당 홈페이지를 만든다면 만든 이후 관리가 더 문제니 충분히 검토할 필요가 있습니다. 업소 관리나 그 밖에 할 일이 많기 때문에 시간적인 여유가 있어야 합니다.

이런 손님도 있다

theme 29

　　　　　세상 모든 일이 그렇듯이 대부분의 손님들은 평범합니다. 그러나 적은 수이기는 하지만 그 중에는 평범(?)하지 않은 매너를 가진 사람들도 있습니다. 여기서 그런 사람들의 백태를 적어보는 이유는 이런 손님들 보고 열 받지 말라는 뜻입니다.

① 여러 명이 함께 와서 식사비를 현금으로 각자 거둬서 계산할 때는 현금은 넣고 자기 카드로 계산하는 사람

② 물건을 두고 가는 사람

　- 잘 두고 가는 물건 베스트 3 : 핸드폰, 라이터, 우산
　- 두고가는 것 중 특이한 것들 : 양복 상의, 넥타이, 안경

③ 계산할 때 되어서 화장실 가거나, 졸거나, 술에 취한 사람

④ 아는 사람을 전화로 불러내서 계산시키는 사람

⑤ 처음 와서 지갑두고 왔다고 하면서 외상하자는 사람

⑥ 술 취해서 자는 사람이 이따금 있는데, 그 중에서도 내가 겪은 최고는 화장실 안에 들어가서 문 걸고 변기 위에서 자던 사람입니

다. 취해서 자니, 문을 두드려도 모르고 자더군요.
⑦ 실내에서 금연이지만 꼭 담배를 피게 해달라는 사람
⑧ 그릇이나 바닥에 침 뱉는 사람
⑨ 누구에게나 반말을 하는 사람
⑩ 어린 아르바이트 학생에게도 '아줌마'라고 부르는 사람
⑪ 라이터 달라는 사람, 담배 한 가치만 달라는 사람
⑫ 무엇인가 서비스로 계속 더 달라는 사람
⑬ 집기를 깨뜨리고도 전혀 미안해 하지 않는 사람
⑭ 없는 메뉴나 없을 것 같은 특별한 술을 찾는 사람
⑮ 먹고 난 테이블과 바닥이 상상할 수 없을 정도로 지저분한 사람
⑯ 토해도 변기에 가서 하지 않고 꼭 닦기 힘든 곳에 하는 사람
⑰ 남에게 피해 줄 정도로 시끄러운 사람
⑱ 민망할 정도의 애정 표현을 하는 사람. 특히, 화장실의 출입문은 안에서 잠그게 하면 안되요.
⑲ 사랑 싸움하며 계속해서 우는 사람
⑳ 쉬지 않고 전화벨이 울리고, 쉬지 않고 통화하는 사람
㉑ 자기 아이들이 완전히 엉망으로 굴어도 전혀 개의치 않는 사람
㉒ 애완용 동물을 데리고 오는 사람
㉓ 바빠서 조금 서빙이 늦어지면, 주방까지 들어가서 설치는 사람
㉔ 한꺼번에 시키지 않고 잔심부름을 계속시키는 사람
㉕ 다른 가게에서 산 음식을 싸가지고 와서 먹는 사람
㉖ 맘에 드는 수저, 컵 등을 가져가는 사람
㉗ 고액 수표를 내는 사람

㉘ 더 달라고 해서 주면 거의 안 먹고 그냥 가는 사람

㉙ 예약까지 하고는 연락도 없이 안 오는 사람

㉚ 영업시간이 끝났는데도 10분만 10분만 하며 한 시간도 넘게 안 가는 사람

㉛ 차를 식당 출입문 앞에 대고는 알아서 처리해 달라는 사람

㉜ 식당을 다방으로 오해하는 사람

㉝ 대리기사나 모범택시를 불러 달라고 하고서 도착하면 금방 안 나가는 사람

㉞ 화장실을 너무 더럽게 쓰는 사람

㉟ 여자화장실에 휴지통이 있어도 남에게 보이지 말아야 하는 쓰레기를 아무렇게나 버리는 여자

㊱ 화장실에 비치한 로션, 라이터 등을 가지고 가는 사람

그런데, 이런 손님들의 공통점은 다들 못생겼다는 겁니다.

PART 03

관리

식당으로 얼마만큼 수입이? • 돈 잘 벌려면 세금관리 잘해야 한다 • 간편장부는 이렇게 작성한다 • 장부 작성과 기준경비율 · 단순경비율 • 간이과세자, 일반과세자 어떻게 다른가 • 증빙관리를 잘해야 세금을 줄인다 • 세금계산서와 현금영수증을 발행한다 • 사업용계좌로 금전을 주고 받아라 • 채용 시 근로계약은 어떻게 하는가 • 4대 사회보험 가입과 신고를 한다 • 종업원 월급 얼마나 줄까 • 종업원 어떻게 관리할까 • 종업원 대신 아르바이트를 써라 • 아르바이트 근무자세를 일러줘라 • 홀 서빙은 어떻게 하는가 • 식중독과 전염병에 주의하자 • 위생관리 어떻게 하는가 • 식품 위생, 법에 대해 생각하자 • 식품 유통기간을 알자 • 주방 기계화에 신경을 써라 • 신선한 식재료 어떻게 구입할까 • 화장실 관리 깨끗이 하라 • 안전사고에 대비하라 • 소화기를 비치하라 • 식당에서 미성년자는? • 음식물 쓰레기와 분리수거 • 사장의 건강관리 • 장사가 안 될때

식당으로 얼마만큼 수입이?

theme 01

돈을 얼마나 벌까? 이거야말로 개업한 후 최대의 관심사죠. 결론부터 말하자면 수입이 매출의 30% 이상이어야 합니다. 우선 장사해서 얼마만큼 돈을 버는지에 대해서는 네가지 단계로 나눠 설명하겠습니다.

제1단계_ 손익분기점

> 총매상고 - 나가거나 나가야 할 돈 전체 = 0

위의 표에서 계산식으로 나오는 것이 우리 식당 손익분기점입니다. 이때 지출액에는 재료비, 인건비, 임차료, 관리비 등 모든 지출금액이 포함되어야 합니다. 이게 흔히 말하는 똔똔(?)이라는 거지요.

여기에는 함정이 숨어 있습니다. 투자금액에 대한 이자는 고사하고 본인한테 대한 인건비도 안 나오니 실질적으로는 적자인 것입니다.

제2단계_ 진정한 손익분기점

지출액에 자기 자신(사장)의 인건비까지 포함시키는 건데 어쩌면 당연한 겁니다.

제3단계_ 남는 장사

지출액에 자신의 인건비는 물론 차입금이 아닌 여러 가지 투자금액에 대한 금융이자까지 포함시키는 것입니다.

제4단계_ 성숙한 사업

매출에서 모든 지출 비용과 자신의 인건비, 자기 자본에 대한 이자 비용까지 빼고 나서 매출액의 30% 이상 남는다면 이것이 바로 돈 버는 대박 난 음식장사입니다.

그런데 처음 음식 장사를 시작하면서 이를 어떻게 가늠하고, 원가분석을 해야 하는 지에 대한 기본적인 문제에 부딪히게 됩니다. 여기에 대한 해답으로 우선 3.3전법을 제시합니다.

우리나라 사람들이 제일 좋아하는 3이라는 숫자는 기수와 우수가 결합해서 오히려 완전하다는 우리네의 사상이 담겨 있습니다. 그래서 우리 주위에는 3이 들어 가는게 참 많지요? 기미독립선언도 3월 1일에, 대표로 33인이 했고 모르긴 몰라도 회사 이름에도 3자 들어가는 회사가 제일 많을 것입니다.

3.3전법이란 다른 게 아니고 원가를 계산할 때 재료비(주·부재료)의 원가가 30%를 넘지 말아야 한다는 것입니다.

쉽게 얘기하면 6,000원짜리 식사의 경우 그것을 만들기 위한 재료는 1,800원을 넘지 말라는 얘기지요.

재료비는 메뉴마다 원가를 어느 정도는 산출할 수 있습니다. 그런데 고정비는 손님이 많아지고 매출이 늘수록 차지하는 비율은 줄어 들지만 사실 산출하기는 불가능합니다. 바로 이것이 핵심입니다. 손익분기점을 넘기 시작하면 매상이 늘어나는 비율보다 이익이 훨씬 크게 늘어나는 것입니다. 즉, 장사가 어느 정도만 되면 생각보다 돈이 더 남는 겁니다.

돈 잘 벌려면
세금관리 잘해야 한다

theme 02

세금에 관해서는 누구나 다 알고있는 사항이니 여기서는 몇 가지만 말씀드립니다.

우선 세금은 국민 누구나 부담하는 것이고 사업을 하는 사람이라면 사업을 통해 얻는 이득에 대해 세금을 냅니다. 그런데 우리 식당은 적자인데도 세금을 내는 경우가 있습니다. 그러니 세금을 제대로 알아야 절세할 수 있습니다. 세금을 잘 모르면 실제로 내야 되는 금액보다 더 낼 수도 있습니다. 식당을 하며 탈세는 절대 안되지만 절세는 해야 합니다. 절세를 하기 위해서는 우선 세금에 대한 개념을 이해해야 합니다.

세금의 기본 메커니즘

세금의 기본은 소득이 있어야 세금을 매긴다는 겁니다. 이 말 한마디로 세금을 정의할 수 있습니다. 그러면 절세를 하기 위해서는 어떻게 해야 할까요? 그것은 아주 간단히 설명할 수 있습니다.

매출(A) - 비용(B) = 수입(C) 이라고 할 때, 절세의 요체는 수입을 적게 하는 겁니다. 수입이 적은 경우는 매출액(A)이 적든가 비용(B)이 커지는 경우입니다. 매출이나 비용에 대한 증빙자료를 잘 챙기고 객관성 있게 장부를 정리하는 것이 절세의 핵심입니다. 현재 식당들은 변변치 못한 증빙자료로 인해 세무서에서 매겨주는 대로 세금을 내는 경우가 많습니다. 우리가 세무서 직원이어도 매출과 비용에 대한 자료를 제대로 제출만 해준다면야 많은 세금을 내도록 할 이유가 없지요.

세무증빙 자료정리

식당 운영과 관련해 세무증빙에 대한 자료 정리가 중요합니다. 특히 비용에 대해서는 잘 챙겨야 됩니다. 비용이 구체적으로 뭔지는 아시죠? 식당하는 데 들어가는 모든 비용으로 임차료, 재료비, 인건비, 공과금 등은 물론이고 사장이 업무와 관련해 사용한 비용도 다 포함됩니다. 물론 자기 집에서 사용된 것을 여기에 포함하면 안되겠죠.

그럼 세금에는 어떤 것이 있느냐 하면, 크게 두 가지로 하나는 부가가치세이고, 또 하나는 소득세입니다.

부가가치세

부가가치세는 우리가 물건을 고를 때 가격표에 'VAT 포함' 이라 표기되어 있듯 모든 물건의 생산이나 판매, 서비스의 제공에 포함되어 있는 세금입니다. 그러면 부가가치는 뭘까요? 바로 이윤입니다. 즉, 사업자가 상품(재화)의 거래나 서비스(용역)의 제공과정에서 얻어지는 「부가가치」(이윤)에 대하여 과세하는 세금이 부가가치세입니다. 이러한 부가가치세는 물건 값에 세금이 포함되어 있기 때문에 실제로 세금은 최종 소비자가 부담하는 것입니다. 그러니 사업자인 우리들은 매출한 세액과 영업과정에서 매입한 세액과의 차액을 신고·납부하는 것입니다. 간편하게 국세청 홈페이지(www.nts.go.kr) 부가세 조회 코너에서 대상 여부와 예정금액을 확인, 조회할 수 있어요.

> 부가가치세 = 매출세액(매출액의 10%) − 매입세액(매입액의 10%)

그런데 1년 간의 매출액(공급대가)이 4,800만 원 미만인 간이과세자(자기가 일반과세자인지 간이과세자인지는 사업자등록증에 보면 나타나 있어요)의 경우에는 다음과 같이 계산해서 부가가치세를 내면 됩니다.

계산기를 두드려 보자

○ 부가가치세 = (매출액×업종별 부가가치율×10%) − 공제세액*

※ 공제세액 = 세금계산서에 기재된 매입세액 × 음식점의 부가가치율

그러면 부가가치세의 신고·납부는 언제할까요? 부가가치세는 6개월을 과세기간으로 하여 신고·납부하게 되며, 각 과세기간을 다시 3개월로 나누어 중간에 예정신고기간을 두고 있어요. 보통 법인사업자는 1년에 4회, 개인사업자는 2회만 신고하면 됩니다.

구분		과세대상기간	신고납부기간	신고대상자
제1기 1.1~6.30	예정신고	1.1~3.31	4.1~4.25	법인 사업자
	확정신고	1.1~6.30	7.1~7.25	법인·개인 사업자
제2기 7.1~12.31	예정신고	7.1~9.30	10.1~10.25	법인 사업자
	확정신고	7.1~12.31	다음 해 1.1~1.25	법인·개인 사업자

■ 부가가치세법 시행규칙 [별지 제20호의7서식]

간이과세자 부가가치세([√]확 정 [ ]기한후 과세표준) 신고서
(앞 쪽)

| 관리번호 | | | | | | | 처리기간 | 즉시 |

□ 신고기간 2014 년 제1기 (1 월 1일 ~ 6 월 30일)

사업자	상 호	종로식당	성명(대표자명)	김성실	사업자등록번호	1 0 1 - 0 1 - 1 2 3 4 5
	주민등록번호	111111 - 1111111		전화번호	사업장 111-1111	주소지 222-2222	휴대전화 333-333-3333
	사업장소재지	서울 종로구 낙원동 158			전자우편주소	aaaa@aaaa.aaa

❶ 신고내용

	구 분		금 액	부가가치율	세율	세 액
과세표준 및 매출세액	과세분	소매업 (1)		15/100	10/100	
		제조업, 전기·가스 및 수도사업 (2)		20/100	10/100	
		건설업, 부동산임대업, 농·수·임·어업, 기타 서비스업, 음식점업, 숙박업 (3)	20,000,000	30/100	10/100	600,000
		운수·창고 및 통신업 (4)		40/100	10/100	
	영 세 율 적 용 분 (5)			0/100		
	재 고 납 부 세 액 (6)					
	합 계 (7)		20,000,000		㉮	600,000
공제세액	매입세금계산서 등 수취세액공제 (8)		400,000			120,000
	의 제 매 입 세 액 공 제 (9)		1,620,000			120,000
	매입자발행세금계산서 세액공제 (10)				뒤쪽 참조	
	전 자 신 고 세 액 공 제 (11)					10,000
	신용카드매출전표 등 발행세액공제 (12)		10,000,000			260,000
	기 타 (13)					
	합 계 (14)				㉯	510,000
금지금 매입자 납부특례 기납부세액 (15)					㉰	
가 산 세 계 (16)		뒤쪽 참조			㉱	
차감 납부할 세액(환급받을 세액) (㉮-㉯-㉰+㉱) (17)						90,000

❷ 과세표준명세

	업 태	종 목	업종코드	금 액
(18)	음식	한식		20,000,000
(19)				
(20)	기타(수입금액 제외분)			
(21)	합 계			20,000,000

❸ 면세수입금액

	업 태	종 목	업종코드	금 액
(22)				
(23)				
(24)	수입금액 제외분			
(25)	합 계			

❹ 국세환급금계좌신고 | 거래은행 | 은행 | 지점 | 계좌번호 |

❺ 폐 업 신 고 | 폐업연월일 | | 폐업사유 |

「부가가치세법 시행령」 제75조제5항 및 「국세기본법」 제45조의3에 따라 위의 내용을 신고하며, 위 내용을 충분히 검토하였고 신고인이 알고 있는 사실 그대로를 정확하게 작성하였음을 확인합니다.

2014 년 7 월 20 일

신고인: 김 성 실 (서명 또는 인)

세무대리인은 조세전문자격자로서 위 신고서를 성실하고 공정하게 작성하였음을 확인합니다.

세무대리인: (서명 또는 인)

종로세무서장 귀하

| 세무대리인 | 성 명 | | 사업자등록번호 | | 전화번호 | |

구비 서류: 1.매입처별세금계산서합계표 2.매입자발행세금계산서합계표 3.영세율 첨부서류(영세율 해당자) 4.부동산임대공급가액명세서(부동산임대업) 5.사업장현황명세서(음식,숙박,기타서비스 사업자 확정신고시) 6.의제매입세액공제신고서 7.그 밖에 「부가가치세법 시행규칙」 제23조 5에 따른 해당서류

[별지 제11호의2서식] (2011. 3. 24. 개정)   홈택스(www.hometax.go.kr)에서도 신청할 수 있습니다.

의제매입세액공제신고서

※ 아래의 작성방법을 읽고 작성하시기 바랍니다.

처리기간	즉시

1. 신고인 인적사항

① 상호(법인명)	종로식당	② 사업자등록번호	101-01-12345
③ 업태	음식	④ 종목	한식

2. 면세농산물 등 매입가액 및 의제매입세액 합계

구 분		⑤ 매입처 수	⑥ 건 수	⑦ 매입가액	⑧ 공제율	⑨ 의제매입세액
⑩ 합 계		5	20	1,620,000		120,000
사업자로부터의 매입분	⑪ 계산서	2	9	810,000	8/108	60,000
	⑫ 신용카드 등	2	5	405,000	8/108	30,000
⑬ 농·어민 등으로부터의 매입분		1	6	405,000	8/108	30,000

3. 농·어민 등으로부터의 매입분에 대한 명세(합계금액으로 작성함)

일련번호	⑭ 면세농산물등을 공급한 농·어민 등		⑮ 건 수	⑯ 품 명	⑰ 수 량	⑱ 매입가액
	성 명	주민등록번호				
	합 계		6	배추 외	300k	405,000
1	이 농 부	600101-1234567	6	배추 외	300k	405,000
2						
3						
4						
5						
6						
7						
8						
9						
10						

「부가가치세법 시행령」 제62조제3항 및 제74조의5제4항에 따라 의제매입세액을 공제받기 위하여 위와 같이 신고합니다.

2014년 7월 20일

신고인   김 성 실 (서명 또는 인)

종로세무서장 귀하

첨부서류	1. 제조업을 영위하는 사업자가 농·어민으로부터 면세농산물 등을 직접 공급받는 경우: 구비서류 없음 2. 그 밖의 경우: 매입처별계산서합계표 또는 신용카드매출전표 등 수령 명세서	수수료 없음

작성방법

1. 간이과세 음식점업자(「소득세법」 제160조에 따른 복식부기의무자는 제외합니다)가 농·어민이나 개인으로부터 직접 공급받은 면세농산물 등의 가액(과세공급대가의 100분의 5를 한도로 합니다)을 ⑭란부터 ⑱란까지 적습니다.
2. 제조업자는 농·어민으로부터 직접 공급받은 면세농산물 등의 가액을 ⑭란부터 ⑱란까지 적습니다.
3. 공제율은 일반과세자는 「부가가치세법 시행령」 제62조제1항에 따른 공제율을, 간이과세자는 같은 법 시행령 제74조의5제2항에 따른 공제율을 적습니다.
   ※ 이 신고서는 무료로 배부합니다.

210㎜×297㎜(일반용지 60g/㎡(재활용품))

[별지 제12호의5서식] (2010. 3. 31. 개정)

신용카드매출전표 등 발행금액 집계표
(2014 년 1기 확정)

1. 인적사항

①상호(법인명)	종로식당	②성 명(대표자)	김 성 실
③사업장소재지	종로구 낙원동 158	④사업자등록번호	101-01-12345

2. 신용카드매출전표 등 발행금액 현황

구 분	⑤합 계	⑥신용직불 기명식 선불카드	⑦현금영수증
합 계	10,000,000	9,000,000	1,000,000
과세 매출분	10,000,000	9,000,000	1,000,000
면세 매출분			
봉 사 료			

3. 신용카드매출전표 등 발행금액(⑤합계) 중 세금계산서(계산서) 발급내역

⑧세금계산서 발급금액		⑨계산서 발급금액	

※ 작성방법
1. 신용카드매출전표 등 발행금액 현황(⑤~⑦) : 부가가치세 과세 매출분, 면세 매출분 및 봉사료로 각각 구분하여 기입하고, 과세 매출분란은 공급대가(부가가치세를 포함합니다)를 기입합니다.
2. 신용카드매출전표 등 발행금액(⑤합계) 중 세금계산서(계산서) 발급내역(⑧·⑨) : ⑧세금계산서란은 ⑤합계란의 과세 매출분 합계금액 중 세금계산서를 발급한 금액을 기입하고, ⑨계산서 발급금액란은 ⑤합계란의 면세 매출분 합계금액 중 계산서를 발급한 금액을 각각 기입합니다.

가로210㎜×세로297㎜ (신문용지54g/㎡(재활용품))

[별지 제20호서식] <개정 2010.3.31>

사업장현황명세서

처리기간
즉 시

1. 인적사항

상 호 (법인명)	종로식당	성 명 (대표자명)	김성실	사업자 등록번호	101-01-12345

2. 기본사항(자가 · ⓣ가) (2)~(5)란은 음식점업자 및 숙박업자만 적습니다.

(1)사 업 장							(7)차 량	
대지	건물(지하 층, 지상 1 층)		(2) 객실수	(3) 탁자수	(4) 의자수	(5) 주차장	(6) 종업원수	승용차	화물차
	바닥면적	연면적							
㎡	25㎡	25㎡	개	5개	20개	유·ⓜ	1명	대	대

3. 기본경비(6월, 12월 기준)   (단위 : 천원)

(8)임 차 료		(9) 전기·가스료	(10) 수 도 료	(11) 인 건 비	(12) 기 타	(13) 월기본경비계
보증금	월 세					
20,000	200	50	50	800	15	1,115

「부가가치세법 시행령」 제65조제1항제6호에 따라 사업장현황명세서를 제출합니다.

2014 년   7 월   20 일

제출인 김 성 실   (서명 또는 인)

종로세무서장 귀하

※ 작성방법(3. 기본경비란)

(8)임차료 중 보증금란: 확정신고 최종월(6월 또는 12월) 현재 임차건물의 임차보증금을 적습니다.

(8)임차료 중 월세란: 확정신고 최종월(6월 또는 12월)의 임차료를 적습니다.

(9)~(12): 확정신고 최종월(6월 또는 12월)의 경비를 각각 적습니다.

(13): (8)임차료 중 월세란부터 (12)기타란의 경비를 더한 금액을 적습니다.

210㎜×297㎜[일반용지 60g/㎡(재활용품)]

위의 그림들은 음식점을 하는 간이과세자의 부가가치세 신고서 작성 사례입니다. 국세청 홈페이지에 가면 신고서 작성요령을 자세히 안내하고 있어요. 또 요즈음은 인터넷으로 전자신고도 가능합니다.

종합소득세

용어 그대로 자기가 한 해 동안 벌어들인 모든 소득을 종합하여 5월에 소득 신고와 함께 세금을 내는 것이 종합소득세입니다. 이자수입이나 배당금, 부동산임대소득, 사업소득이나 근로소득, 일시재산소득이나 연금소득 등을 모두 합쳐 종합소득이라고 하는데, 이 종합소득이 있는 모든 사람은 다음해 5월 1일부터 5월 31일까지 종합소득세를 신고·납부해야 합니다.

종합소득이 있더라도 다음의 경우에 해당되면 소득세를 신고하지 않아도 됩니다.

① 매월 월급만 받는 근로소득자로서 연말정산을 한 경우
② 자산소득(이자·배당·부동산소득)만 있는 자로서 주된 소득자가 아닌 자
③ 연간 7,500만 원 미만의 모집수당만이 있는 자로서 소속회사에서 연말정산을 한 경우
④ 비과세 또는 분리과세되는 소득만이 있는 경우
⑤ 연 300만 원 이하의 기타소득이 있는 자로서 분리과세를 원하는 경우 등

하지만 식당을 운영하는 사업주의 경우 대다수 이자소득이나 부동산소득 등은 일부의 사람들에 해당되는 일이니 자기가 사업해서 벌어들인 사업소득에 대해 소득세를 낸다고 생각하면 됩니다.

그러면 신고할 소득금액을 어떻게 계산하는지 알아보겠습니다. 우선 장부를 비치·기장한 사업자의 경우 소득금액은 다음의 방법으로 계산하면 됩니다.

> 소득금액 = 연간 총수입금액 − 필요경비

만약 어떤 사정으로 장부를 비치·기장하지 않은 사업자의 경우 소득금액은 다음과 같이 계산하면 됩니다.

> ■ 기준경비율 적용 대상자 (⇒ ①, ② 중 작은 금액으로 선택가능)
> 소득금액 = 수입금액 − 주요경비 − (수입금액 × 기준경비율) … ①
> = {수입금액 − (수입금액 × 단순경비율)} × 배율 … ②
> ■ 단순경비율 적용 대상자
> 소득금액 = 수입금액 − (수입금액 × 단순경비율)

이렇게 계산된 소득금액에 세법으로 인정해주는 소득공제금액을 빼고 나서 세율을 곱해서 나온 금액이 바로 자신이 납부해야 할 세금이 되는 것입니다. 즉, 소득세 산출세액은 다음과 같이 계산됩니다.

> 산출세액 = 과세표준(소득금액 − 소득공제) × 세율

과세표준(소득금액−소득공제)	세 율
1,200만 원 이하	과세표준의 6%
1,200만 원 ~ 4,600만 원	72만 원 + (1,200만 원을 초과하는 금액의 15%)
4,600만 원 ~ 8,800만 원	582만 원 + (4,600만 원을 초과하는 금액의 24%)
8,800만 원 ~ 1억 5,000만 원	1,590만 원 + (8,800만 원을 초과하는 금액의 35%)
1억 5,000만 원 초과	3,760만 원 + (1억5천만 원을 초과하는 금액의 38%)

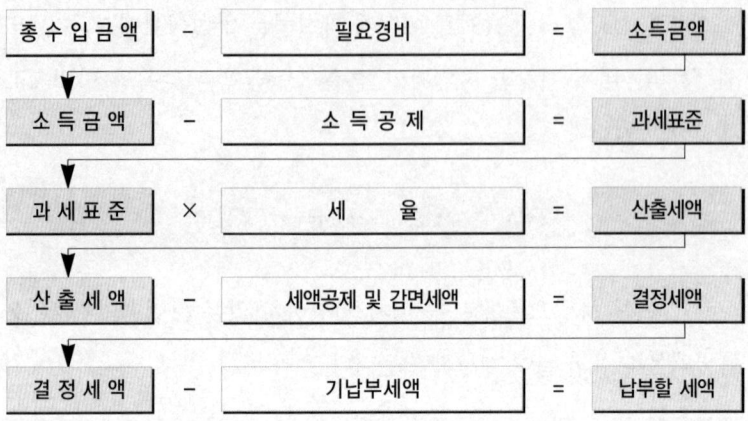

　소득세의 산출방법은 위의 그림에서과 같은 과정을 통해 계산됩니다. 기준경비율과 단순경비율에 대해서는 다음에 장부 관련해서 별도로 설명합니다.

간편장부는
이렇게 작성한다

음식 장사를 하는 동안 매년 자신의 가게 소득을 계산하여 세금을 5월에 신고·납부해야 한다고 설명드렸습니다. 만약 장사가 안되어 손실이 나서 납부할 세금이 없는 경우에도 종합소득세는 신고해야 하며, 폐업을 했을 때도 마찬가지로 신고해야 합니다. 돈도 못 벌고 적자인데, 또 그만두는 마당에 무슨 소득세 신고냐고 한탄하겠지만 법이란 게 그렇잖습니까. 안하면 불이익 당하죠.

또한 세법상 모든 사업자는 장부를 작성하고 이를 비치, 보관해야 합니다. 세무당국은 세무신고와 함께 사업하는 동안 거래한 수입과 지출에 대한 증빙서류를 갖추고 장부를 기록하도록 하고 있습니다.

그런데 음식점의 경우 소규모이거나 처음 시작시 매출이 적은 경우가 대부분이니 간편장부를 작성하면 됩니다. 즉, 직전년도 수입금액이 1억 5천만 원 미만인 경우나 올해 처음으로 사업을 시작한 사업자들은 간편장부라고 하는 금전출납부 같은 장부에 수입과 지출내역을 상세히 적으면 그대로 세무서에서 인정해 주고 있습니다.

다음의 표는 간편장부를 작성하는 방법의 예 입니다.

간편장부의 형태

① 날짜 (201X)	② 거래 내용	③ 거래처	④ 수입(매출)		⑤ 비용(원가 관련 매입 포함)		⑥ 고정자산 증감(매매)		⑦ 비고
			금액	부가세	금액	부가세	금액	부가세	
7월 5일	간장 10병 (현금)	오뚜기			90,000	9,000			세계*
7월 5일	왕족발 2세트 (카드)	삼포상사	80,000	8,000					카드등*
소계									

[참고 : *세계 : 세금계산서   *카드등 : 신용카드, 현금영수증]

간편장부의 서식은 가까운 문구점에서 구입할 수 있으며, PC를 사용할 수 있으면 국세청 홈페이지(www.nts.go.kr)의 '신고 · 납부' 메뉴에서 '간편장부 안내'에서 간편장부 엑셀 파일을 무료로 다운받아 사용하면 됩니다. 엑셀로 자동집계가 되니 편리합니다.

작성방법은 다음과 같은 과정으로 하면 손쉽게 할 수 있어요.

① 일자 : 거래일자 순으로 수입 및 비용을 모두 기재합니다.

② 거래내용 : 판매나 구입 내역을 자세히 기재합니다. 비용 및 매입 거래는 거래 건별로 모두 기재합니다.

③ 거래처 : 상호 · 성명 등 거래처 구분이 가능하도록 기재합니다.

④ 수입 : 상품 · 용역의 공급 등 영업수입(매출) · 영업외수입을 기재합니다. 일반과세자는 매출액을 공급가액과 부가가치세 10%를 구분하여 각각 '금액' 및 '부가세' 란에 기재합니다. 만약 신용카드 및 현금영수증 매출 등 공급가액과 부가가치세가 각각 구분되

지 않은 경우 매출액을 1.1로 나누어서 그 금액을 '금액' 란에 기
재하고, 잔액을 '부가세' 란에 기재하면 됩니다. 간이과세자는 부
가가치세가 포함된 매출액(공급대가)을, 부가가치세 면세사업자는
매출액을 '금액' 란에 기재합니다.

⑤ 비용(원가 관련 매입 포함) : 상품 원재료 매입액, 일반관리비 판매
비 등 사업관련 비용을 기재합니다. 세금계산서를 받은 경우 세
금계산서의 공급가액과 부가가치세를 구분하여 각각 '금액' 및
'부가세' 란에 기재합니다. 부가가치세액이 별도로 구분 기재된
신용카드매출전표 등을 받은 때에도 공급가액과 부가가치세를
각각 기재합니다. 계산서나 이외의 영수증 매입분은 매입금액을
'금액' 란에만 기재합니다.

⑥ 고정자산 증감(매매) : 냉장고·컴퓨터 등 고정자산의 매입액 및 부
대비용을 기재합니다. 세금계산서를 받은 경우 세금계산서의 공급
가액과 부가가치세를 구분하여 각각 '금액' 및 '부가세' 란에 기재
하고, 계산서·영수증 및 신용카드 매입분은 매입금액을 '금액' 란
에만 기재합니다. 만약 영업 중 고정자산을 매각(폐기 등)하는 경우
해당 자산을 붉은색으로 기재하거나 금액 앞에 △표시를 합니다.

⑦ 비고 : 거래증빙 유형 및 재고액을 기재합니다. 세금계산서는
'세계' 로, 계산서는 '계' 로, 신용카드 및 현금영수증은 '카드등'
으로, 기타 영수증은 '영' 으로 표시하면 됩니다.

이처럼 사업을 하는 동안 매일마다 간편장부를 작성하면 종합소득
세 신고시 보다 간편하게 할 수 있습니다. 즉, 매일의 수입과 비용을
간편장부 작성요령에 따라 기록한 후 한 해 동안의 최종 집계액인 '간

편장부상의 수입과 비용'을 소득세 신고서류의 하나인 〈총수입금액 및 필요경비명세서(소득세법시행규칙 별지 제82호 서식 부표)〉의 '장부상 수입금액'과 '필요경비' 항목에 기재합니다.

[별지 제82호서식 부표] 〈개정 2008.4.29〉						(앞 쪽)
총수입금액 및 필요경비명세서 (귀속)						
①주소지			②전화번호			
③성 명		④주민등록번호		-		
사업장	⑤소 재 지					
	⑥업 종					
	⑦주업종코드					
	⑧사업자등록번호					
	⑨과 세 기 간	. . 부터	. . 부터	. . 부터	. . 부터	
		. . 까지	. . 까지	. . 까지	. . 까지	
	⑩소 득 종 류	(30, 40)	(30, 40)	(30, 40)	(30, 40)	
장부상 수입금액	⑪매 출 액					
	⑫기 타					
	⑬수입금액 합계(⑪+⑫)					
필요경비	매출원가	⑭기초재고액				
		⑮당기 상품매입액 또는 제조비용(〈24〉)				
		⑯기말재고액				
		⑰매출원가(⑭+⑮-⑯)				
	제조비용	재료비	⑱기초재고액			
			⑲당기 매입액			
			⑳기말재고액			
			〈21〉당기 재료비 (⑱+⑲-⑳)			
		〈22〉노 무 비				
		〈23〉경 비				
		〈24〉당기제조비용 (〈21〉+〈22〉+〈23〉)				
	일반관리비등	〈25〉급 료				
		〈26〉제세공과금				
		〈27〉임 차 료				
		〈28〉지 급 이 자				
		〈29〉접 대 비				
		〈30〉기 부 금				
		〈31〉기 타				
		〈32〉일반 관리비등계 (〈25〉+〈26〉+〈27〉+〈28〉+〈29〉+〈30〉+〈31〉)				
	〈33〉필요경비 합계 (〈17〉+〈32〉)					
210mm×297mm(신문용지 54g/㎡(재활용품))						

그리고 또 다른 신고서류인 〈간편장부 소득금액계산서(소득세법시행규칙 별지 제82호 서식)〉에 〈총수입금액 및 필요경비명세서〉에 따라 계산

된 '수입금액과 필요경비'를 세무 조정하여 당해연도 소득금액을 계산한 후 〈종합소득세 신고서(소득세법시행규칙 별지 제40-1호 서식)〉를 작성하여 5월 종합소득세 신고시에 제출하면 됩니다.

[별지 제82호서식] <개정 2007.4.17> (앞 쪽)

간편장부소득금액계산서(귀속)

①주소지			②전화번호			
③성 명			④주민등록번호		-	
사업장	⑤소 재 지					
	⑥업 종					
	⑦주업종코드					
	⑧사업자등록번호					
	⑨과 세 기 간	. . .부터	. . .부터	. . .부터	. . .부터
		. . .까지	. . .까지	. . .까지	. . .까지
	⑩소 득 종 류	(30, 40)	(30, 40)	(30, 40)	(30, 40)
총수입금액	⑪장부상 수입금액				
	⑫수입금액에서 제외할 금액				
	⑬수입금액에 가산할 금액				
	⑭세무조정 후 수입금액 (⑪-⑫+⑬)				
필요경비	⑮장부상 필요경비 (부표<33>의 금액)				
	<16>필요경비에서 제외할 금액				
	<17>필요경비에 가산할 금액				
	<18>세무조정 후 필요경비 (⑮-<16>+<17>)				
<19>차가감 소득금액(⑭-<18>)					
<20>기부금 한도초과액					
<21>기부금이월액 중 필요경비 산입액					
<22>해당 연도 소득금액 (<19>+<20>-<21>)					

「소득세법」제70조제4항제3호 단서 및 동법 시행령 제132조에 따라 간편장부소득금액계산서를 제출합니다.

년 월 일

제 출 인   (서명 또는 인)
세무대리인   (서명 또는 인)
(관리번호 :   )

세무서장 귀하

※ 첨부서류 : 총수입금액 및 필요경비명세서(별지 제82호서식 부표) 1부

210㎜×297㎜(신문용지 54g/㎡(재활용품))

이처럼 간편장부 작성이나 부가가치세, 소득세 신고는 막 사업을 시작한 경우나 규모가 크지 않은 경우 사장이 직접 하면 처음에는 어렵게 느껴지지만 혼자서도 충분히 할 수 있습니다.

그런데 작은 가게였지만 개업 이후 음식점 매출이 연간 1억 5천만 원을 초과하는 경우에는 복식부기에 따라 장부를 작성해야 합니다. 간편장부대상자 이외의 모든 사업자가 이에 해당됩니다. 복식부기는 회계에 대한 기초상식이 있어야 되는데, 식당 운영과 관련해 재산 상태와 손익거래 내용의 변동을 빠짐없이 이중으로 기록하는 장부기록 방법입니다. 이를 기초로 작성된 재무제표를 종합소득세신고서와 함께 제출하여야 합니다.

따라서 시간적인 여유가 없고 혼자 하기 어렵다거나 복식부기로 장부를 작성해야 하는 사업자인 경우 최소 월 5~10만 원 이상의 비용이 나가지만 장부 기장과 세무 신고를 세무사나 회계사에게 맡기는 것이 바람직합니다.

장부 작성과
기준경비율·단순경비율

theme 04

　　　　　사업을 하는 사람이라면 누구나 장부를 작성해야 죠. 꼭 세무당국이 매출과 비용내역을 장부에 기록해야 된다고 해서가 아니라 영업도 중요하지만 관리도 이에 못지 않기 때문입니다. 우리 식당이 한 달에 매출이 얼마고, 이에 따른 경비가 얼마나 들었는지, 그리고 이익이 어떻게 났는지를 알아야 하니까요.

　그런데 손으로 적은 장부 작성은 옛날 이야기이고 요즈음 식당매장 관리프로그램인 POS(Point of Sales ; 판매시점 정보관리시스템)를 이용하여 장부를 작성합니다. 손으로 툭~툭 누르면 주문접수와 계산, 일일 매상도 집계되니 꽤 편리합니다.

　기존에는 금전등록기 수준이었지만 세상이 바뀌고 기술이 발전하니 매출이나 재고관리, 직원 근태나 급여, 고객관리까지 할 수 있어요. 또 기능이 더 많은 경우에는 회계 프로그램도 되니 앞서 설명한 장부 작성이나 세무신고까지 가능합니다.

　물론 여러 기능이 있으면 이용요금도 비싸겠지만 최소 월 3~4만원으로 사용이 가능하니 식당 운영 시 많은 도움이 됩니다. 최근에는 스마트폰으로 이러한 기능을 하는 앱이 있다고 하니 참으로 편리한 세상이기도 하죠. 다만 이러한 POS시스템은 운영 프로그램뿐만 아니라 컴퓨터도 함께 구입하여야 하므로 사업 초기나 소규모인 경우는 부담이 됩니다. 또 개업하여 번창하고픈 마음이야 오죽하겠지만 실패 가능성이 매우 높은 곳이 식당이다 보니 초기 자금 투입이나 매달 비용지출에 신경을 쓸수 밖에 없지요. 그리고 대부분 임대다 보니 약정기간을 못 채우면 추가 비용도 나가니 부담이 될 수밖에 없습니다.

아무튼 식당을 운영하며 장부를 작성하여야 하는데 앞서 설명한 간편장부와 복식장부를 사업자 유형인 간이과세자, 일반과세자가 각각 다르게 작성해야 합니다. 장부를 작성하느냐 하지 않으냐에 따라 세금을 납부하는 데 차이가 있을 뿐만 아니라 만약 작성하지 않으면 세무서에서 20% 가까이 무기장 가산세를 내라고 합니다.

식당 운영은 규모나 여건에 따라 차이가 있겠지만 일일이 장부를 작성하는 일이 쉽지 않은 것이 현실입니다. 만약 장부를 기록하지 않았을 경우 우리 식당의 소득금액을 어떻게 계산할까요? 이 경우 세무당국은 업종이나 매출 규모에 따라 세부적으로 기준경비율과 단순경비율을 적용하여 소득금액을 계산하여 납부하도록 하고 있습니다.

기준경비율과 단순경비율은 매년 국세청이 고시하는데 식당도 업종에 따라 다릅니다. 체인점, 한식점, 중식점, 일식점, 분식점 등이 각각 조금씩 차이가 납니다. 올해 3월에 고시된 것을 보면 한식점의 경우 단순경비율은 89.2%, 기준경비율은 9.7%(프렌차이즈점은 82.0% / 8.6%)입니다. 이 비율은 국세청 홈페이지에서 조회할 수 있어요.

기준경비율

기준경비율은 음식 장사에 필요한 가장 기본적인 주요경비는 식당 주인이 제출한 증빙서류를 근거로 필요경비로 인정해 주고, 나머지 기타비용은 세무당국이 정한 경비율에 따라 필요경비로 인정하여 소득금액을 계산하는 방법입니다. 주요경비는 매입경비(상품, 원·부재료 등), 인건비, 임차료, 지급이자 등 장사를 하며 마땅히 증빙자료를 수취하고 경비지출 사실을 증명할 수 있는 기본적인 경비를 말합니다.

그래서 기준경비율에 따라 소득금액을 계산하는 방법은 수입금액(매출액)에서 증빙서류를 수취한 주요경비와 수입금액에 기준경비율을 곱한 금액을 공제하여 계산합니다. 이와 같은 방법으로 소득금액을 계산하는 적용대상자는 단순경비율 적용 사업자를 제외한 모든 사업자가 해당됩니다.

단순경비율

단순경비율은 사실상 장부를 기록할 능력이 없는 영세한 소규모 사업자에게 간편하게 납세의무를 이행할 수 있도록 업종별로 수입금액에서 전체 경비가 차지하는 비율로 정한 것입니다. 그래서 수입금액에서 단순경비율을 곱한 금액을 필요경비로 인정해 주는 것입니다.

단순경비율에 따라 소득금액을 계산하는 방법은 총수입금액에 단순경비율을 곱한 금액을 필요경비로 하여 총수입금액에서 빼면 소득금액이 계산됩니다.

자, 그러면 기준경비율과 단순경비율에 따라 소득금액이 어떻게 계산될까요? 예를 들어 간이과세자로서 한식을 취급하는 우리 식당 총 매출이 1억4천만 원인데 세무증빙 매입 자료를 보니 식재료비, 임차료 등으로 세금계산서를 받은 것이 6천만 원, 또 직원 인건비로 신고된 3천만 원이 비용인 경우를 가정하면

단순경비율에 따라 계산한 경우

- 소득금액 = 수입금액 − (수입금액 × 단순경비율)

15,120,000원 = 1억4천만 원 − (1억4천만 원 × 89.2%)

기준경비율에 따라 계산한 경우 (⇒ ①, ② 중 작은 금액으로 선택가능)

- 소득금액 = 수입금액 − 주요경비 − (수입금액 × 기준경비율) … ①
- 소득금액 = {수입금액 − (수입금액 × 단순경비율)} × 배율] … ②

〈복식부기장부 대상자는 기준경비율에 50% 가산, 배율은 간편장부대상자는 2.4배, 복식부기대상자는 3배로 합니다.〉

36,420,000원 = 1억4천만 원 − 9천만 원 − (1억4천만 원 × 9.7%) … ①
<u>36,288,000원</u> = 1억4천만 원 − (1억4천만 원 × 89.2%) × 2.4 … ②

위의 계산처럼 단순경비율에 의한 소득금액이 기준경비율에 의한 소득금액보다 작은 경우가 대부분입니다. 그러면 누가 단순경비율 대상자일까요? 음식점의 경우 개인사업자가 한 해 매출이 1억 5천만 원 이하인 경우가 해당됩니다. 이외에는 모두가 기준경비율 대상이지요. 또 단순경비율 대상자가 현금영수증 가맹의무자이면서 가맹하지 않았거나 현금영수증을 발급거부를 5번 이상한 경우 기준경비율이 적용됩니다.

간이과세자, 일반과세자 어떻게 다른가

사업자는 간이과세자와 일반과세자로 나뉘고 있습니다. 간이과세자는 1년간 매출액이 4,800만 원 이하인 경우가 해당되고 나머지는 모두 일반과세자입니다. 식당 오픈시 워낙 작은 규모로 시작한 경우는 간이과세자이겠지만 대부분은 일반과세자라고 생각해야 합니다. 왜냐하면 월 400만 원 매출도 나오지 않으면 문 닫아야 하니까요.

세금과 관련해 간이과세자는 한 해 동안 5월에 종합소득세를, 또 7월에 부가가치세를 각각 한번만 신고·납부하면 됩니다. 일반과세자는 5월에 종합소득세를, 4월과 7월에 두 번 부가세를 신고·납부해야 됩니다.

또한 간이과세자는 세금계산서를 발급할 수 없으며, 부가가치세 계산시 '공급대가×업종별부가가치율(음식점은 10%) ×10%'로 계산하고 매입세액을 '매입세액×업종별부가가치율(음식점은 10%)'로 공제해 줍니다. 반면 일반과세자는 매입세액 전액을 공제합니다.

간이과세자가 1년 매출액이 2,400만 원 미만인 경우 부가가치세 신고는 하되, 세금 납부는 면제됩니다. 다만 신규로 사업을 개시한 경우는 그 사업개시일부터 12월 말까지 매출합계액을 1년으로 환산한 금액이 2,400만 원 미만인 경우에만 면제됩니다.

일반과세자의 경우 직전 과세기간 납부할 세금이 40만 원 이상인 경우 그 금액의 1/2을 예정고지하며, 당해 예정고지세금은 다음 확정신고 · 납부시에 공제됩니다.

증빙관리를 잘해야 세금을 줄인다

theme 06

세금을 줄이는 방법은 사실 간단합니다. 부가가치세의 경우 매출(세)액에서 매입(세)액을 빼서 계산하며, 소득세의 경우 연간 매출액에서 필요경비를 차감하고 계산된다고 설명했듯이 많이 빼면 세금을 내야 할 금액이 줄어드는 것은 당연한 이치입니다. 식당의 매출이야 현금이나 신용카드로 계산되니 바로 금액이 나오죠. 그러면 매입액(필요경비)은 평소 어떻게 관리하느냐에 따라 세금이 달라집니다. 식자재 구입시나 주류, 인건비 등 식당에서 돈이 나가는 모든 거래는 지출 증빙자료를 반드시 챙겨야 하고 이 증빙서류를 5년간 보관해야 합니다.

그럼, 세무서에서 인증하는 증빙자료는 어떤 것이 있을까요?

① 세금계산서(전자세금계산서) : 일반과세자가 발행

② 계산서(전자계산서) : 면세사업자가 발행

③ 현금영수증 : 현금영수증가맹점 사업자가 발행가능

④ 신용카드매출전표, 금전등록기영수증, 각종 공과금 영수증, 신

문대금, 케이블 TV료, 인터넷요금, 통신비 영수증 등이 해당됩니다. 만약 간편장부를 작성하면서 지출영수증 없이 기록했다면 소득세 신고시 필요경비로 인정을 받을 수 없어요.

특히 임차료 지급시 건물 주인으로부터 세금계산서를 발급받아야 합니다. 간혹 다운계약서를 쓰고 실제 주는 금액보다 낮게 세금계산서를 받는 경우가 있는데 그렇게 할 이유가 있을까요? 또 세금계산서를 발급해 주지 않는 무자료상과 값이 싸다는 이유로 거래하는 경우가 있지만 결국 매입자료가 없어 식당 사장이 소득세나 부가세를 더 내야하는 경우가 생깁니다.

식재료나 주방기구, 홀용 비품 등을 거래처나 인터넷으로 구입한 경우 세금계산서 또는 신용카드매출전표, 현금영수증을 받으면 되죠. 그런데 아르바이트생, 홀이나 주방의 일용직, 종업원에게 월급을 주고 이를 세무서에 신고하지 않는 경우가 있습니다. 원래는 월급을 줄 때 소득세를 원천징수하고 다음달에 10일 전까지 '근로소득 지급 명세서'를 작성하고 신고, 납부해야 합니다. 만약 이렇게 하지 않은 경우 종합소득세 신고 시 필요경비로 인정해 주지 않습니다.

또한 신용카드매출전표를 받은 경우 신용카드 결제계좌가 식당 사장의 사업용계좌와 연결된 신용카드로 결제한 경우에만 인정됩니다. 카드를 사용해도 자기 집에서 사용하는 물건이나 식사 등 일반 경비로 지출한 경우는 비용으로 인정되지 않습니다.

세금계산서와
현금영수증을 발행한다

세금계산서를 발행하는 식당은 별로 없지요. 물론 식권을 발행해서 월 단위로 정산하는 회사를 고정 거래처로 두고 있는 경우나 대량의 도시락이나 음식 납품 등을 할 때는 거래처가 요청하면 세금계산서를 발행해 주어야 합니다. 간이과세자의 경우 세금계산서를 발행할 수 없으니 신용카드매출전표나 현금영수증을 발행해 주어야 합니다.

세금계산서는 부가가치세법상 과세사업자가 부가가치세를 거래징수하고 징수한 내용을 증명하기 위해 공급자가 공급받는 자에게 교부하는 서류입니다. 세금계산서는 2부를 작성하여 적색 1부는 공급하는 사업자가 보관하고 청색 1부는 공급받는 사업자가 보관합니다. 상대방이 사업자가 아닌 개인이라면 주민등록번호를 적으면 되며, 세금계산서 양식지는 문구점에 팔고 있어요.

지금은 전자세금계산서 제도가 시행되고 있기 때문에 종이로 교부되는 세금계산서 비중은 매우 낮아졌습니다. 또 사업 규모에 관계없이 모든 법인사업자와 한 해 매출이 3억 원 이상인 개인사업자는 전자세금계산서를 발행해야 합니다. 만약 발급의무자가 전자세금계산서를 미발급한 경우 가산세가 부과됩니다.

국세청은 전자세금계산서(면세계산서 포함) 발행 편의를 위해 'e세로' 홈페이지(www.esero.go.kr)를 만들어 무료로 이용할 수 있도록 하고 있습니다.

그런데 세금계산서를 받을 때 다음과 같은 내용이 모두 기재되어 있는지 반드시 확인해야 합니다.

① 공급하는 자의 주소, 업태, 종목
② 공급받는 자의 상호, 성명, 주소, 업태와 종목
③ 공급품목, 단가와 수량, 공급년월일, 거래의 종류
④ 사업자단위과세사업자의 경우 실제로 재화 또는 용역을 공급하거나 공급받은 종된 사업장의 소재지 및 상호

전자세금계산서를 발급하기 위해서는 사업자 범용, 전자세금용 공인인증서를 먼저 준비하고 다음의 방법으로 하면 됩니다.

① 국세청 'e세로'를 통하여 발급하는 방법
② 세금계산서 발급 시스템 사업자들이 사업목적으로 구축한 시스템(ASP) 또는 대법인들이 구축한 ERP시스템을 이용하는 방법
③ 인터넷 사용이 어려운 사업자의 경우 세무서에서 보안카드를 수령하여 전화 ARS(☎ 국번없이 126-3번)를 통해 발급하거나 거래 관련 증빙서류를 가지고 세무서에 방문하여 발급 신청을 통해 발급할 수 있습니다.

전자 세금계산서 (공급자보관용)

승인번호: 201411251021324569
일련번호: -

공급자	등록번호	108-81-10341			공급받는자	등록번호	108-86-19371		
	상호(법인명)	미래푸드	성명(대표자)	주방장		상호(법인명)	경영화학	성명(대표자)	엄친아
	사업장주소	서울시 강남구 남부순환로길 3				사업장주소	서울시 강남구 삼성로길 101		
	업태	음식	종목	한식		업태	제조	종목	유기물

작성			공급가액									세액						비고
년	월	일	공란수	백	십	억	천	백	십	만	천	백	십	일	억	천	백	십	만	천	백	십	일
201X	10	8					1	0	0	0	0	0	0				1	0	0	0	0	0

월	일	품목	규격	수량	단가	공급가액	세액	비고
10	8	식사		40	25,000	1,000,000	100,000	

합계금액	현금	수표	어음	외상미수금	이금액을 (영수) 청구 함
₩1,100,000	₩1,100,000				

전자 세금계산서 (공급받는자보관용)

승인번호: 201411251021324569
일련번호: -

공급자	등록번호	108-81-10341			공급받는자	등록번호	108-86-19371		
	상호(법인명)	미래푸드	성명(대표자)	주방장		상호(법인명)	경영화학	성명(대표자)	엄친아
	사업장주소	서울시 강남구 남부순환로길 3				사업장주소	서울시 강남구 삼성로길 101		
	업태	음식	종목	한식		업태	제조	종목	유기물

작성			공급가액									세액						비고
년	월	일	공란수	백	십	억	천	백	십	만	천	백	십	일	억	천	백	십	만	천	백	십	일
201X	10	8					1	0	0	0	0	0	0				1	0	0	0	0	0

월	일	품목	규격	수량	단가	공급가액	세액	비고
10	8	식사		40	25,000	1,000,000	100,000	

합계금액	현금	수표	어음	외상미수금	이금액을 (영수) 청구 함
₩1,100,000	₩1,100,000				

세금계산서는 원칙적으로 공급(거래시기)할 때에 공급받는 자에게 발급해야 하지만, 월합계 세금계산서 등의 경우 예외적으로 공급시기가 속하는 다음달 10일까지 발급할 수 있어요. 전자세금계산서를 발행하거나 수취한 경우 매출자 및 매입자는 e세로 홈페이지에서 국세청으로 전송된 세금계산서를 확인할 수 있어요. 또 과세기간 종료일 다음달 11일까지 국세청에 전송한 전자세금계산서는 합계금액이 자동 생성되어 제공되므로 부가가치세 신고 시 합계표상에 개별명세표를 작성할 필요가 없습니다.

한편 현금영수증은 소비자 상대업소의 매출 누락 등 탈루소득에 대한 세무당국의 관리가 본격화되면서 도입된 제도입니다. 현금영수증 가맹점 가입과 발행은 한 해 매출이 2천4백만 원 이상 개인 사업자는 누구나 의무사항입니다. 현금영수증을 허위·가공하여 발급하거나 발급받는 경우 해당 공급가액의 2%, 또 손님이 대금을 현금으로 지급한 후 현금영수증의 발급을 요청하는 경우에 현금영수증의 발급 거부 시 해당금액의 5%를 가산세로 냅니다. 30만 원 이상의 현금거래에 대해 현금영수증을 발급하지 아니한 경우 해당금액의 50%를 과태료로 부과합니다. 특히, 30만 원 이상의 현금거래 시 손님이 발급을 요청하지 아니하더라도 발급해야 합니다. 한마디로 무섭죠.

그리고 현금영수증가맹점은 현금영수증가맹점을 나타내는 가맹점 스티커를 부착해야 합니다. 계산대가 있는 곳은 계산대나 계산대 근처의 벽·천정(천정걸이 사용) 등 소비자가 잘 볼 수 있는 곳에 부착하고 계산대가 없는 경우 식당 출입문 입구나 내부에 손님이 잘 볼 수 있는 곳에 부착하면 됩니다.

사업용계좌로 금전을 주고 받아라

theme 08

개인 사업자라면 사업용계좌를 만들어서 그 계좌로 금융거래를 해야 합니다. 법인사업자라면 당연히 외상대금의 입금이나 출금이 법인 보통예금통장으로 입·출금되는 금융거래를 하겠지만, 개인사업자도 이제는 사업용계좌 통장과 개인 용도의 통장을 별도로 구분해 사용해야 합니다.

하지만 워낙 작게 점포를 시작하는 소규모 사업자는 대상이 아닙니다. 복식부기 의무자인 음식점으로서 매출액이 1억 5천만 원 이상인 경우는 꼭 사업용계좌를 만들어야 합니다. 사업용계좌는 사업과 관련한 거래대금과 인건비 및 임차료를 지급하거나 지급받을 때 사용되는 계좌를 말합니다. 그래서 이 계좌를 통해 거래대금을 결제하거나 지급받고 신용카드나 직불카드, 체크카드 등으로 결제한 돈도 금융기관이 여기로 입금시킵니다. 다만 인건비의 경우 신용불량자이거나 외국인 불법 체류자의 경우는 이 통장으로 거래하지 않아도 문제가 안 됩니다.

사업용계좌는 그냥 별도의 통장만 만들면 되는 것이 아니고 새로 시작하는 사업자나 간이과세자였다가 일반과세자가 된 경우 금융거래 통장을 사업용 통장과 개인 용도의 통장으로 분리하여 은행에서 신규로 개설하고 사업용계좌의 계좌번호를 관할세무서에 5개월 이내에 신고해야 합니다. 그래야 세무서에서 알겠죠.

사업용계좌에는 사업자의 상호를 반드시 기입하여 계좌를 만들어야 하며 또한 이러한 계좌는 여러 개 개설할 수 있습니다. 만약 사업용계좌를 신고하지 않거나 있어도 사용하지 아니한 경우 거래금액에 0.2% 상당의 가산세를 내야 합니다. 또 세무서에서 식당 시설 규모나 영업 상황을 보아 세무 신고내용이 불성실하다고 판단되면 과세표준과 세액을 경정할 수 있으니 이를 소홀히 하면 안됩니다.

채용 시 근로계약은 어떻게 하는가

theme 09

음식점에서 종업원을 채용하는 경우 임금이나 근로시간, 기타 근로조건에 대해 서면으로 근로계약서를 작성하여 근로계약을 체결해야 합니다. 근로기준법에서는 단시간근로자를 고용할 때에도 임금, 근로시간 기타의 근로조건을 명확히 기재한 근로계약서를 작성하여 근로자에게 교부해야 한다고 규정하고 있습니다. 하지만 식당에서는 대부분 아르바이트나 파트타임 등 단시간 근로자의 경우 서면으로 근로계약을 체결하지 않고 면접시 구두약속으로 시급이나 일급, 주급 등을 정하게 됩니다. 물론 구두 약속도 유효한 근로계약에 포함되지요.

대체로 식당을 안정된 직장으로 생각하지 않아서 잦은 이직이 발생됩니다. 그래서 면접 후 종업원을 채용하며 자신이 해야할 일과 근무시간, 임금을 명확히 정하는 근로계약을 맺는 것이 보다 소속감을 높이고 장기 근속으로 이어질 가능성이 있습니다. 또 근로계약은 특별한 형식을 요구하지 않으므로 구두합의만으로도 성립할 수 있으나 당사자 사이의 분쟁을 예방하기 위해서 계약을 서면으로 체결하여 계약내용을 명확히 하는 것이 필요합니다.

알바로 미성년자를 채용하는 경우에는 미성년자 스스로가 친권자나 후견인의 동의를 얻어 근로계약을 체결해야 하며 친권자 등의 대리행위는 인정되지 않습니다. 미성년자의 근로계약 해제권자는 미성년자 자신이 되나 근로기준법은 미성년자의 판단능력을 감안하여 근로계약이 미성년자에게 불리하다고 인정하는 경우에는 친권자, 후견인, 고용노동부장관에게 그 해지권을 인정하고 있습니다.

표준 근로계약서 양식은 정규직원이나 알바, 외국인 등으로 나눠 고용노동부 홈페이지(www.moel.go.kr) 자료실에 있으니 이를 참고하면 됩니다.

4대 사회보험 가입과 신고를 한다

theme 10

　　　　　종업원을 채용하고 나서 출근을 하면 업무 매뉴얼에 따라 일을 시키면 되는데, 사장은 4대 사회보험을 신고하는 일을 잊으면 안됩니다. 1인 이상의 근로자를 사용하는 모든 사업장은 4대 사회보험(국민연금, 건강·고용·산재보험)에 의무적으로 가입해야 하므로 종업원의 인적사항을 가지고 4대사회보험 정보연계센터(www.4insure.or.kr)에서 온라인으로 신고하면 됩니다. 중간에 그만 두는 경우도 이와 마찬가지 입니다.

　신고방법은 근로자의 인적사항과 함께 언제 채용하였으며, 급여를 얼마로 책정했는지 등을 기재하면 되니 어렵지 않아요. 다만 한가지 기억해야 할 것은 사회보험에 가입하면 사업주는 종업원의 국민연금료, 건강보험료와 고용보험료의 거의 절반 가까이를 부담하고 산재보험료는 전액 내야 하니 채용에 따른 금전 부담이 제법 있다는 것을 알아야 합니다. 그러니 종업원을 추가로 채용할 때는 더욱 신중해야겠죠.

종업원 월급
얼마나 줄까

theme 11

이건 종업원을 채용하기 전에 고민해야 할 문제이기도 한데, 어쨌든 주방 아줌마와 아르바이트를 채용할 때 어느 정도 선에서 월급이나 시급(주급)을 책정해야 하는지 알아보죠. 각 지역마다 식당마다 급여에는 차이가 있으니 참고하기 바랍니다.

우선 우리 식당이 오픈하는 동네의 월급 수준을 빨리 파악하는 것이 중요합니다. 그래서 너무 많이 줘도 안되고 적게 줘도 문제가 생길 수 있으니 적당하게 주어야 합니다. 주방장이나 주방보조의 월급은 식자재상이나 인력파견업소 등을 통해서도 쉽게 파악할 수 있고 주변 업소를 방문해 사장에게 정중히 문의해도 되지요.

그런데 우리 식당 인근 업소의 주방장 월급이 270만 원 정도 파악됐다고 가정해보면 주방장은 보통 하루에 10시간 일하므로 270만 원을 30일로 나누고 다시 10시간으로 나누게 되면 기준시급은 9,000원 정도가 됩니다. 또한 주방 설거지나 허드렛일을 하기 위해 주변 인력소개소에서 나온 사람의 일당이 6만원이면 시급으로 6,000원이지만 다른 사람을 일당이 아닌 직원으로 채용할 경우는 시급 5,500원이면 됩니다. 그렇다면 주방일이 바빠져서 혼자서 음식을 일부 조리할 정도의 주방보조를 구한다고 하면 그 시급기준을 설거지 알바와 주방장 시급의 중간인 7,500원으로 정하는 것이 합리적이죠. 물론 구체적인 금액은 그 사람의 능력을 봐가면서 결정할 사항이지만 월급을 받는 사람의 입장에서도 형평성이 있어 보여야 합니다.

또한 주방인력을 구하다보면 꼭 내가 정한 시간대별로 구할 수만은 없는 경우가 많아요. 그러니 사람마다 기준시급이 정해져 있다면 일하는 시간을 다시 조정하더라도 급여를 책정하는 데 복잡할 것이 없겠죠. 주방인력의 월급을 책정할 때 기준시급을 정해야 하는 이유는 또 있어요. 주방인원이 여러 명일 경우에 시간을 조정하다보면 주말에는 연장근무하는 경우도 생기는가 하면 집안 문제로 결근할 때도 있고 사전에 근무시간을 서로 조정하면서 일을 하게 되는데 월급으로만 책정했을 경우는 급여를 계산하기가 쉽지 않습니다.

이에 따라 기준시급이 있다면 월급 계산이 명확하기 때문에 월급으로 급여를 주는 사람도 그 기준시급을 꼭 책정해 두면 효과적입니다. 다만 정규직원은 월급제이기에 때문에 시급이라는 얘기가 나오면 기분이 상할 수도 있으니 월급 책정시 "근무시간은 몇 시부터 몇 시까지이면 월급은 얼마입니다."하고 말해 놓고서 "참고로 시간으로 계산하면 시간당 얼마 정도입니다."하고 얘기를 하는 것이 하나의 방법입니다.

종업원
어떻게 관리할까

　　　　　참으로 힘든 것이 사람을 상대하는 것이고 손님만 상대하기 힘든 게 아니라 자기가 돈 주며 일 시키는 종업원을 관리하기도 힘들기는 마찬가지입니다. 이미 앞에서 종업원을 뽑는거나 교육시키는 것에 대해 얘기했지만 그것이 각론이라면 개론적으로 종업원을 어떻게 다뤄야 하나가 문제입니다.

　세상에서 성공한 경영인들이 공통적으로 기업에서 직원 관리에 대해서 하는 말은 '가족 같은 관계'를 강조하고 있습니다. 그런데 식당의 현실은 꼭 그렇게 되지 않으니 문제이지요. 대체로 식당 종사자들은 소속감이 부족한 편입니다. 대형 업소야 복리후생이나 급여가 좋으니 좀 다르겠지만 중소 규모의 경우는 한 마디로 오래 붙어있지 않아요. 초보 식당 사장일수록 더구나 공부를 좀 많이 한 식당 사장일수록 직원을 잘 관리하기 위해 직원들에게 잘 해주고 정도 주고 복리후생도 신경써야 된다고 생각합니다. 그러나 시간이 지나면서 현실은 그렇지 않다는 것을 새삼 느끼게 되죠.

종업원들이 우리 식당을 선택하는 기준은 딱 두 가지라고 봅니다. '급료와 근무조건'. 이 두 가지에 따라 철저하게 움직이고 그건 주방장이나 설거지 아줌마나 똑같다고 보면 됩니다. 때론 화기애애하게 근무 분위기를 만들기 위해 종업원 생일도 챙겨주고 개인적인 일들도 챙겨주면서 이런 저런 따스한 정이 묻어나게 해주면 좋아하지요. 또 고마워하기도 하고. 그러나 그걸로 끝입니다. 너무 부정적인 의미로 이해할 수 있겠지만 종업원들은 철저히 급료와 근무조건에 따라 움직인다는 것을 분명히 기억하기 바랍니다.

그럼, 어떻게 하면 좋을까요? 작은 규모일수록 더욱 가족 같은 분위기로 친밀하게 지내자고 하는 사장의 마음을 모르는 것은 아닙니다. 또 좁은 공간에서 하루 10시간 이상 함께 일하면 정도 들고 뭔가 더 해주고픈 마음이 들고 또 더 잘 해주기도 합니다. 하지만 우리 만남의 시작은 고용인과 피고용인, 사장과 종업원 관계이니 이 대원칙의 틀에서 벗어나지 않기를 바랍니다.

우리 식당에 꼭 필요한 사람이다 싶으면 종업원들이 급료와 근무조건에 따라 움직인다고 했으니 그 사람에게 돈을 다른 곳보다 좀 더 주면 됩니다. 그럼 좀 오래있지만 그런다고 아주 오래 있지는 않아요. 이럴 땐 시간이 나는 대로 종업원과 상담을 하여 업무상 애로나 고충도 자주 들어보는 것도 한 방법이지요. 만약 나를 대신할 사람인 매니저급으로 키울 생각이면 처음부터 철저히 교육시키고 인간적인 관계도 차츰 차츰 신뢰감을 높여 나가야지요. 식당 일은 어떻게 보면 단조롭기 때문에 종업원들이 곧 싫증을 내는 경우도 많으니 음식 맛에 부터 전반적인 식당 일을 사장이 완전 장악하고 있어야 합니다.

종업원 대신
아르바이트를 써라

theme 13

　　　　　　직원들을 꼭 필요한 키(KEY) 멤버와 아닌 사람으로 나누고 키 멤버가 아닌 사람들을 전부 아르바이트 채용하는 것이 식당 운영에 있어 효율적입니다. 당연한 이야기지만 운영에 있어서는 그렇게 간단하지는 않아요.

　우선 우리 식당에서 인건비를 비교해 보면, 가장 일반적인 서빙을 기준해서 최소의 월급과 시급으로 보면, 월급을 주는 직원은 기본 160~170만 원/월에 이런 저런 비용까지 180~190만 원쯤 되고 아르바이트는 4시간을 기준한다면,

계산기를 두드려 보자

○ 4시간 × 6,000~6,500원 / 시간 × 25일 = 60~65만 원 / 월

　지역이나 업소의 환경에 따라 차이가 있겠지만 대체로 이 정도라면 더 비교하지 않아도 알겠지요?

　대부분 식당 종업원의 근무시간은 10시간에서 12시간입니다. 그런데

바로 이것이 문제이고 개선되어야 할 여지가 많습니다. 아침 10시에 출근해서 저녁 10시에 퇴근하는 서빙하는 아줌마가 있다고 가정해보죠. 보통 매일 같은 시간에 우리 식당에서 이런 식으로 근무할 겁니다.

식당 근무 일과표

- Am 10:00 ~ Am 12:00 영업 준비
- Am 12:00 ~ Pm 01:30 점심 영업
- Pm 01:30 ~ Pm 05:30 휴식
- Pm 05:30 ~ Pm 09:00 저녁 영업
- Pm 09:00 ~ Pm 10:00 휴식

근무시간은 분명 12시간인데 실 근무시간은 대략 점심 3시간 반, 저녁 3시간 반 넉넉히 계산해도 7시간이니 실제로는 58%에 불과합니다. 거의 반은 일하고 반은 노는 겁니다. 물론 주방일도 돕고 정리정돈이며 이것저것 하는 게 있지만…. 왜, 어쩌다 저녁 먹으러 좀 일찍 식당에 가면 누워서 자다가 일어나는 아줌마들 쉽게 보잖아요? 따라서 바쁜 영업시간에 한 명의 월급 직원 대신 아르바이트를 교대로 쓰면 두 명 이상 쓸 수 있습니다.

이에 대해 그게 말처럼 쉬운 일이냐고 반문할 수 있습니다. 또한 알바 구하기가 얼마나 어려우며 갑자기 중간에 빠지기도 해 속도 썩이는데, 일하다 좀 쉬는 게 뭐가 문제냐고 말할 수 있습니다. 그래서 식당의 상황을 고려해 사장의 판단이 중요한 겁니다. 식당은 실제 임차료와 인건비 싸움입니다. 식당 인원은 부족한 듯 해야되고, 또 일은 빡빡하게 진행되어야 합니다. 특히 단순한 일이라면 당연히 아르바이트를 고려해야 합니다.

  아르바이트는 아줌마들도 제법 있지만 대학생 가운데 특히 휴학생이 많고 방학 때는 구하기가 더 쉽지요. 알바생 구인을 위한 인터넷 사이트를 찾아 보면 참 많으니 어려움은 없겠지만 아르바이트를 쓰면 한 가지 문제점도 있어요. 다름 아닌 일의 숙련도가 떨어지고 소속감이 적어서 결국 손님에 대한 서비스의 질이 떨어지지 않을까 하는 걱정이 생기지요? 그런 문제점들을 알바 업무 매뉴얼을 만들어 교육으로 해결해야 합니다. 앞서 설명했듯이 각자가 할 일을 시간의 순서에 따라 나열해서 그대로 따라 할 수 있도록 하면 됩니다. 즉, 우리 식당에서 해야 하는 업무 범위와 그 일에 대한 구체적인 지침을 주고 지속적으로 점검하면 해소될 수 있습니다.

아르바이트 근무자세를 일러줘라

theme 14

어떻게 하면 아르바이트(일명 '알바')가 우리 식당에 잘 적응해 보람도 느끼며, 가게 운영에 도움을 주는 근무 자세를 가질 수 있는지 그동안 이들과 함께 일하며 느낀 점을 말씀드리겠습니다.

식당을 운영하는 최종 목적은 이익을 얻는 것입니다. 일자리를 만들어 사회에 공헌하고 어려운 이웃을 돕기 위한 사회사업을 하는 것이 아니니까요. 그러니 이익을 얻기 위해 매출 향상이 있어야 하니 사장이나 정직원이나 아르바이트나 할 것 없이 자신의 위치에서 자기가 할 일을 무리없이 해줘야 합니다. 이처럼 모두가 매출을 올리려고 심혈을 기울여 일하고 있다는 것을 알아야 합니다.

또한 왜 우리가 음식을 맛있게 만들고 서비스를 잘 해야 하는지를 생각해야 합니다. 한번 온 손님을 다시 올 수 있게 하여 매출을 올리기 위한 것이니 한 팀이라도 가게에 들어왔다가 그냥 되돌아가는 일이 없도록 언제나 주의를 기울여야 합니다.

아르바이트는 명랑하고 적극적인 성격이어야 합니다. 자신이 내성적인 성격일지라도 최소한 자신의 모습을 보다 적극적이고 밝게 바꾸려는 노력이 필요합니다. 또한 사장이나 매니저가 일일이 아르바이트가 해야할 일을 모두 가르켜 줄 수는 없지요. 그러니 아르바이트는 매일 알바 매뉴얼을 몇 번이고 읽어가면서 자기 스스로 우리 식당에서 무슨 일을 어떻게 해야 하는지 빨리 파악하고 실천해야 합니다.

또한 아르바이트는 자신이 하는 일을 통해 자신을 한 단계 업그레이드 시키는 기회가 되어야 합니다. 아르바이트의 시작은 분명 돈 때문이지만 이를 통해 노동의 가치나 세상살이에 대한 작은 경험도 합니다. 자기 부모의 노고를 생각할 기회도 되며, 식당을 찾는 많은 손님들을 대하며 손님의 입장을 생각하기도 하고, 사회적인 관계 속에 자신을 바라보는 기회도 갖지요.

그리고 아르바이트는 매뉴얼에 따라 일을 하지만 식당 운영에 있어 새로운 아이디어를 내고 이를 적용해 업무를 개선하는 노력이 필요합니다. 또한 사장은 단순히 식당 일을 위해 알바를 고용했지만 이들이 자신을 꾸준히 향상시키고 식당 업무도 개선할 수 있도록 지속적인 관심을 가져야 합니다.

홀 서빙은
어떻게 하는가

theme 15

　어떻게 하면 직원이든 알바든 홀 서빙을 잘 할 수 있을까요? 사장도 마찬가지겠지만 본격적으로 손님들이 가게에 들어오면 모든 눈과 신경은 홀에 두고 있으면서 가게 전체를 생각할 줄 알아야 합니다. 홀의 여유 좌석이나 실내 조명, 온도, 손님의 움직임 등을 파악하고 주방도 어떤 상태인지 생각할 수 있어야 합니다.

　홀 서빙 초보자들은 한 가지 일에만 몰두하는 경향이 있어 처음 앉았던 테이블에서 금방 자리를 옮긴 손님 주문을 다른 데와 착각하거나 두 세 팀이 동시에 들어오면 당황하기도 합니다. 홀 전체 흐름을 보고 다른 서빙자들의 움직임까지 머릿속에 담고 있으면서 자기 일을 하도록 지도하는 것이 중요합니다.

① 홀을 천천히 순회하면서 각 테이블을 관찰하라

　서빙을 대기하면서도 각 테이블에 무엇이 더 필요한지를 체크하도록 해야 합니다. 홀을 돌 때는 소리 내지 말고 밝은 표정에 친근한 자세로 다음의 사항을 눈여겨 보고서 즉시 필요한 조치를 합니다. 이 때도 항상 신규 손님이나 다른 테이블의 주문요구도 귀를 기울이고 신경을 써야 합니다.

- ☐ 음식이 제대로 조리되고 있는지 여부(타는지, 쪼는지 등)
- ☐ 밑반찬이 더 필요한게 있는지 여부
- ☐ 탕·전골류에 육수가 더 필요한지 여부
- ☐ 테이블 위 지저분한 것을 치울 것인지 여부(쓰레기, 술병, 빈그릇 등)
- ☐ 냅킨이나 생수, 양념류가 부족한지 여부
- ☐ 빌지를 보며 주문 음식이 다 나왔는지, 누락됐는지 여부
- ☐ 추가로 주문하려는지 여부
- ☐ 주위 환경에 불쾌해 하는지 여부

② 자기가 해야 할 일의 순서를 언제나 생각하라

알바 매뉴얼을 충분히 숙독한 경우라도 자기가 해야 할 일을 간혹 잊는 경우가 있어요. 또 멍~하니 홀만 바라보다 벨소리가 나면 달려가거나 한가지 일을 하고서 멍~하니 있다가 또 다른 일을 하나 찾아내서 하고 난 후에 또 멍~하니 있기도 합니다. 손님이 나가고 테이블 잔반을 치우고 술병이나 컵을 정리한 후 그 다음에 자기가 뭐를 할 지 먼저 생각해야 합니다.

③ 일을 하면서도 완급을 조절하게 하라

매일 일어나는 일이지만 시간대별로 손님이 오는 수는 다르니 바쁠 때는 보다 속도를 내서 일을 처리 하고, 여유가 있을 때는 보다 꼼꼼히 일을 하도록 해야 합니다. 점심시간처럼 손님이 집중되는 피크시간대에도 평소 자기 성격이나 습관처럼 일 하면 손님들이 짜증 낼 뿐만 아니라 홀에서 일이 원만하게 진행되지 않아요. 초보의 경우 일의 완급 조절이 어렵지만 업무 매뉴얼 숙독과 반복교육을 통해 피크시간에 일

을 빨리 처리하고, 좀 한가한 시간에는 섬세하게 이곳저곳을 점검하며 일을 하게끔 지도해야 합니다. 예를 들어 한참 바쁜데 자기는 피곤하다고 의자에 앉아서 테이블을 천천히 치운다거나 음식을 옮기거나 자리 정돈을 느릿느릿하면 속 터지죠. 또 한가한 시간이라면 테이블 정리시 두번 손이 안 가도록 깨끗하게 치우고 수저나 냅킨이 없으면 채워야 하는데 그냥 아무 생각 없이 신경 안쓰는 경우입니다.

④ 일 처리 한번에 해결하도록 하자

식당 일은 육체적으로도 제법 힘든 일이지요. 앉아서 휴식을 취할 시간도 없는 경우가 있어요. 그만큼 할 일이 많다면 능률적으로 일을 해야 내 몸을 혹사시키지 않겠죠. 예를 들어 손님이 주문한 것을 한꺼번에 두 손으로 들고 가지 못할 경우 쟁반을 사용하면 한번에 서빙할 수 있지요. 또 손님이 나가고 여러 테이블이 비었을 때도 한 테이블씩 치우려고 하지 말고 같이 치울 수 있으면 한꺼번에 두 테이블을 치우는 것이 효과적입니다. 특히 자신이 처리한 서빙을 다른 사람이 또 한 번 하지 않게 해야 합니다. 음식이 나갈 때 한 번에 갈 수 있는 소스나 그릇을 다른 사람이 갔다 주게 하는 것, 자신이 정리한 테이블이 지저분하다든지 세팅에 무언가 빠져서 다른 사람이 다시 세팅을 하여야 하는 것은 모두를 힘들게 만드는 일입니다.

⑤ 손님 얼굴을 익히고 가벼운 대화를 나누자

초보자에게는 어려운 일이지만 사장만 이 일을 해야 하는 것이 아님을 상기합시다. 서빙하면서 의식적으로 손님을 기억하고자 하는 노력이 필요합니다. 또 친절하고 예의 바르게 하면서도 손님과 가벼운 얘기를 나누려는 노력은 곧 그 손님을 자신의 단골로 만들 수 있습니다.

식중독과
전염병에 주의하자

theme 16

식당에서 일어나는 가장 큰 대형사고는 식중독입니다. 식중독은 다른 사람의 피해는 둘째치고 식당으로는 치명타입니다. 식품의약품안전처가 2014년에 발표한 자료에 따르면 최근 5년간 식중독 환자 발생은 전체 식중독 환자 수의 평균 38%가 한여름(7~9월)보다 나들이철인 봄(4~6월)에 집중돼 있다고 밝혔습니다. 또한 지난 100년(1912~2010)간 우리나라 6대 도시 평균 기온이 약 1.8℃ 상승하면서 기온이 1℃ 오르면 살모넬라균, 장염 비브리오 및 황색포도상구균 식중독이 각각 47.8%, 19.2%, 5.1% 증가하는 것으로 나타났다고 발표했습니다.

이처럼 기후변화에 따라 음식점에서 식중독 발생 가능이 높지만 집단급식소나 학교 급식을 제외한 순수한 음식점에서 발생할 가능성은 좀 낮은 편입니다. 그렇지만 위생관리나 청결, 식품 보관 등에 신경을 써야 합니다. 식중독균은 계란 및 유제품이 원인 식품인 살모넬라균, 화농성 요인인 황색포도상구균, 바다에서 생성되는 장염 비브리오균 그리고 출혈성 대장균 등과 이질과 콜레라 등이죠.

　식중독균이 무서운 것은 그 균의 번식이 기하급수적으로 빨라서 잘못하면 크게 확대된다는 점입니다. 식중독균인 미생물 증식에 필요한 3대 요소는 수분, 영양, 온도이거든요. 따라서 식중독의 예방은 수분, 영양, 온도 관리가 제일 중요합니다. 그리고 식당은 여러 사람이 식사하므로 위생에 신경을 쓰는 것은 기본이겠죠.

　전문가들의 의견을 빌리자면 전염병 중에는 전염성이 빠른 것도 있고 아닌 것도 있지만 전염병은 조금만 주의하면 막을 수 있어요. 전염병은 1. 2. 3. 4 군으로 나누는 데, 1군이 가장 전염성이 큰 거니까 1군 전염병인 콜레라, 페스트, 장티푸스, 파라티푸스, 이질, 출혈성 대장균에 주의를 요합니다. 이런 식중독이나 전염병을 예방하기 위한 위생관리에 대해서 사장 나름대로 직원교육도 시키고 식자료 관리나 음식 조리, 업소 소독에도 관심을 가져야 합니다.

위생관리
어떻게 하는가

위생관리는 크게 세 가지로 나누어 생각할 수 있는 데 식자재, 조리 환경, 조리원 위생입니다.

식자재

모든 식자재는 시간이 지나면 변질되어 갑니다. 식품이 어떤 식으로 변질이 진행는지 생각해 보면, 산화작용으로 부패하는 건데 산소와의 접촉으로 진행됩니다. 그래서 포장으로 진공 상태를 만들어 주고 산소와의 접촉을 인위적으로 끊어주는 거지요.

산소와의 접촉은 처음에는 발효라는 현상으로 나타나는데, 우리 주위에는 발효식품들이 많이 있지요. 발효가 지나치게 진행되면 부패가 되는 겁니다.

가장 일반적인 김치, 된장, 고추장, 간장, 젓갈 모두 발효식품이잖아요. 서양도 치즈, 요구르트 등 발효식품이 많은데, 저의 소견으로는 세계 최대의 발효식품 국가는 우리나라라고 봅니다. 식탁에서 빠지지 않는 김치야 물론 발효식품의 대표이지만 우리나라 발효식품의 최고인 것을 홍어회라고 생각합니다. 혹시 홍어회 좋아하세요? 그 냄새 어때요? 홍어회는 산화(숙성)가 지나치면 부패되는 그 마지막 한계까지 도달한 식품이죠. 쉽게 얘기하면 먹을 수 있을 만큼 최대로 썩힌 겁니다. 거기서 조금만 더 가면 먹을 수 없는 부패로 들어가는 겁니다. 산패인 거죠. 그 지독한 숙성 산화의 냄새에 먹지 못하는 사람도 많지만 한번 맛을 들이면 잊을 수 없는 맛이라고들 합니다.

홍어는 분명 상하기 쉬운 생선인데, 상하기 직전의 특이한 발효식품으로 만든 우리 조상들은 정말 대단한 발효의 최고수입니다. 그래서 남도지방에서는 아무리 잘 차린 음식도 홍어가 빠지면 쳐주지 않는다고들 말하잖아요. 아~ 발효 이야기 하다 잠깐 옆길로 샜군요.

유통기간

결국 여러 가지 방법으로 공기의 접촉을 막아줘서 식재료의 수명을 길게 해주는 건데 그것도 한계가 있습니다. 그게 캔 등에 표시되어 있는 유통기간입니다. 그런데 이 유통기간이라는 것은 개봉하지 않은 상태에서의 유통기간입니다. 개봉하면 급속히 산화되어 그 다음 부패로 진행되어요.

그리고 포장에 대해서 얘기하고 넘어갈 것이 있는데 금속으로 된 캔은 오픈하면 부패가 무지하게 빨리 진행됩니다. 따라서 만약 통조림을 따서 일부만 쓰고 나머지는 보관해야 할 경우는 즉시 다른 용기로 옮겨 빠르게 랩 등을 싸서 뚜껑을 닫아 놓는 것이 좀 오래 보관할 수 있는 방법입니다. 그런데 여기서 다른 용기라는 것은 제일 흔한 것이 플라스틱 제품인데 제일 좋은 것은 유리제품이지요. 그것도 뚜껑을 돌려서 닫을 수 있는 병이 제일 좋아요.

그 다음에 식재료가 변질되는 것은 건조가 있습니다. 모든 식재료는 자기가 가지고 있는 수분으로 인해 그 재료의 형상과 맛이 유지되는데 가지고 있는 수분이 대기속으로 빠져 나가면서 완전히 못쓰게 되는 겁니다. 식당에서 흔히 쓰는 파, 그걸 그냥 방치해두면 말라서 못 쓰게 되지요. 이런 것은 수분이 유지되도록 포장해서 냉장고에 보관해야 변질되지 않고 쓸 수 있습니다.

생명력

그리고 또 식자재를 변질하게 하는 것은 생명력입니다. 감자, 고구마 등 구근식물은 물론 파, 마늘 등 흔히 쓰는 재료는 그냥 두면 줄기차게 생명력을 발휘하지요, 쉽게 얘기하면 싹이 나고 자라는 것으로 싹이 나면 영양분도 줄어들거니와 그때는 독성이 생깁니다. 특히 식자재를 보관하는 주방은 비교적 따뜻해서 싹 틔우기는 안성맞춤이지요. 이런 것들을 어떻게 보관하느냐 하면 잠을 재워야 됩니다. 그래서 성장을 멈추게 해야지요. 그렇게 하려면 제일 중요한 것이 온도이고 그 다음은 빛이죠. 온도는 섭씨 5°~7°도 정도로 맞추고 어둡게 해주면 이 친구들은 잠을 잘 잡니다. 푹 자라!! 얘들아.

고기와 생선 보관법

혹시 참치회 좋아하세요? 요즈음 참치 전문점이 무척 많고 저렴한 가격으로 판매하기 때문에 우리나라에서는 일반 활어보다 싸구려 회라는 인식이 있는 것도 사실입니다. 그건 참치횟집 경쟁이 심해지자 참치가 아닌 새치같이 싼 생선을 참치회로 속여 판 것이 문제가 되고 해서 더 나쁜 인상을 주었지요.

하지만 참치는 여러 가지로 우수한 생선일 뿐만 아니라 원양선단에서 헬기로 공수한 얼리지 않은 생물 참치는 맛 보기도 어렵지만 엄청나게 비싸요. 홍콩, 일본 등지의 미식가들이 그 한 점을 상상을 초월하는 금액으로 먹는다는데, 물론 다른 회를 먹고 마지막에 한 점 먹는 식이지요. 결국 우리가 흔히 접하는 참치는 해동기술이 맛을 좌우하게 되는데, 가격에 비해 우수한 식품임엔 틀림없어요.

바로 이 얘기하려고 참치 얘기를 시작했는데, 참치를 잡으면 그 선단에는 냉동선이 있어서 급속 냉동을 시키고 있습니다. 우리나라 사람들이 음식에 대해 잘못 알고 있는 상식 아닌 상식은 싱싱한 것에 대한 편견과 집착이죠. 고기나 생선이나 할 것 없이 그 자리에서 바로 잡은 고기가, 특히 바다 낚시해서 선상이나 갯바위에서 먹는 회 맛은 끝내준다고 하지 않나요?

그러나 사실은 분위기 탓입니다. 틀린 얘기라는 겁니다. 자기암시에 빠져 하는 얘기지요. 야외에서 바다를 보며 느끼는 풍취나 좋은 공기도 한 몫 하는 것입니다. 전문가들의 의견을 빌리자면 고기나 생선이나 그 속에는 힘줄 아니면 굳은 육질이 있는 것이고, 최상의 맛이란 그것이 풀어진 직후 입니다. 고급 일식집에서는 생선을 숙성시켜서 회로 쓰는 것이고, 고급 쇠고기 스테이크의 재료 역시 숙성시킨 고기이니까요.

고기와 생선의 장기 보관법은 급속 냉동입니다. 우리 식당에서야 급속 냉동은 어렵더라도 냉동실에서 보관하는 것이 고기와 생선의 장기 보관방법입니다. 따라서 이것에 대한 해동기술이 중요한 겁니다. 물론 얼리지 않은 재료가 좋으니까 적절한 양의 재료 반입이야말로 중요하지요.

식자재의 변질에 대해 또 다른 중요한 요인은 기온의 차이입니다. 겨울보다 여름이 훨씬 식품 수명이 짧지 않습니까.

환경 위생

음식점의 환경적인 위생은 주방에서 주의해야 하는 것들인데 조리에 주로 사용되는 칼, 도마, 행주입니다. 그리고 각종 벌레나 바퀴벌레, 쥐에 대한 대비책도 세워야 됩니다.

(1) 칼

칼은 우선 사용 재료별로 구분해서 몇 개를 사용하는 것이 좋습니다. 주방에서 칼을 놓는 곳이 참 마땅하지 않아 서양에서 많이 사용하는 칼꽂이집은 최근에 위생을 철저히 따지는 외국의 식당에서는 잘 안 쓰는 추세입니다.

그 대신 강력한 자성을 갖는 데다 붙여서 걸어놓은 제품이 나와 있어요. 우리나라 현실에서는 아직은 그럴지 모르지만 칼날이 노출되는 두 줄짜리 라인에 걸어놓은 것이 무난한 것 같습니다.

그리고 소독도 때로는 해줘야 되는데, 제일 쉽고 확실한 것은 끓는 물에서 소독하는 것입니다.

(2) 도마

도마는 크게 봐서 합성수지와 목재로 만든 것이 있는데, 위생만 따진다면 합성수지 제품이 좋지만 작업성은 나무도마가 훨씬 좋아요. 도마는 결국 크기별, 재료별로 여유있게 준비해서 돌아가면서 사용하고 소독은 햇빛에 말리는 게 제일 쉬워요. 가급적 표면의 물기는 평소에도 잘 닦는 것이 좋고, 나무 도마는 물기에 따라 휘는 성질이 있으니 양면을 돌려가며 써야 오래 사용할 수 있습니다.

(3) 행주

행주야말로 세균 번식의 근원지입니다. 그 이유로 세균은 습도와 온도를 좋아하는데, 행주는 이 두 가지를 다 갖췄으니 세균한테야 얼마나 좋겠어요.

세균의 번식 특성상 시간이 갈수록 기하급수적으로 늘어나니까, 행주에 관한 위생관리도 이 속에 답이 있습니다. 당연히 세균이 좋아하는 것을 안 해주면 세균은 못 살겠지요. 또한 잔존 세균을 죽이고 습기가 없게 말리고 자주 갈아주면 됩니다. 결국 삶아서 햇빛에 말리고 자주 갈아 쓰는 것이 세균을 확실히 제거하는 방법입니다.

행주의 종류는 무척 많은데, 그 재료의 조직이 물을 덜 먹는 재료가 좀 유리합니다. 사실 행주에 천연섬유만한게 있나요. 그 외에 수세미나 작업수건도 행주와 비슷한 속성이니 비슷하게 다뤄주면 됩니다. 또한 흡수력이 좋아서 세척력도 높은 화학섬유 제품들도 많이 나와는 있어요. 시중에는 각종 살균용 첨가제들도 많이 나와 있는데, 그런 것은 가급적 직접 조리하는 행주 등에는 사용하지 마세요.

(4) 바퀴벌레

정말 징그럽지요? 이게 또 종류도 많고 인류보다도 훨씬 긴 생존 역사를 갖고 있다니 참 대단한 생물입니다. 그런데 식사 중에 바퀴벌레를 보면 손님들은 기겁하고 정말 밥맛 떨어져서 우리 식당에 다시는 오지 않을 겁니다. 특히 여성들 중 일부는 경악해요.

바퀴벌레에 대해서는 이놈들의 특성을 알아야 합니다. 우선 좋아하는 게 따뜻한 곳이지요. 그러니까 이들은 생각지도 않은 냉장고의 모터 등 약간의 발열하는 전기기구들을 좋아하고 가스안전 점검기 속에서 잘 살아요. 그리고 또 좋아하는 곳은 좁은 틈새이고, 그 속에다 알을 낳고 그래요.

따라서 우선 좁은 틈새와 발열하는 전기기구 틈을 코킹 등으로 막아야 됩니다. 천장 틈새 같은 아주 좁은 곳은 페인트나 실리콘으로 막을 수 있겠지요. 이것에 대한 예방은 자주 소득하는 것이고 만약 발생했으면 잡아야 되는데 붙이는 팻취, 틈 사이에 짜넣는 연고형, 연기 스모크형, 그리고 분무기형까지 여러 종류가 있습니다. 뿌리는 것은 음식점이여서 아주 조심해야 되고 특히 주방에서 사용하면 안됩니다. 붙이는 팻취형은 지저분한 것이 문제인데, 식당 상황에 맞춰서 사용하면 됩니다. 또 상황이 더 심각하다면 전문업체에 의뢰하는 것이 좋습니다.

(5) 파리·모기

파리나 모기의 대처방법은 애초 들어오지 못하게 막는 겁니다. 출입문은 자동으로 닫히게 하고 창문에는 방충망을 설치해야 합니다. 그리고 고려해 볼만한 것은 방충전구를 사용하면 됩니다.

(6) 쥐

우리 식당과 쥐는 전혀 인연이 없을 것이라고 생각할지 모르지만 지금도 엄청난 숫자의 쥐와 함께 살고 있는 우리 현실을 보면 내 가게에서도 만날 수 있을 것으로 생각해야 합니다.

쥐의 골격이 동물 중에서 장소이동에 가장 유리하다는데, 그래서인지 1층이나 지하층은 물론 그 위의 2층, 3층에도 쥐는 있습니다. 그래도 가장 심한 곳은 역시 1층이지요. 따라서 1층에 위치한 식당은 특히 방서대책을 잘 세워야 됩니다.

방서대책은 두 가지로 요약할 수 있는데, 드나들 수 있는 구멍을 전부 막거나 철망을 설치하고 음식물에 접근 불가하게 하는 것입니다. 또한 뚜껑에 있는 용기를 쓰고, 특히 바닥에 어떤 재료든 그냥 두지 말고 뜯을 수 있는 봉지에 쓰레기 등을 넣어서 바닥에 두지 말아야 합니다.

그런데 먹을 것이 없어도 산책이나 나들이 다니는 쥐도 있으니, 제일 중요한 것은 출입을 원천 봉쇄하는 겁니다. 그리고 쥐는 생각보다 수직운동, 즉 올라가는 능력도 뛰어나고 물어뜯는 능력이 크지요. 물론 잡식성인데 심지어는 비누도 갉아 먹어요. 쥐 문제는 생각보다 심각하니 주의를 기울여야 합니다.

종업원 위생

워낙 법으로 따지기를 좋아하는 미국에서는 어느 식당이나 화장실 세면기 앞에는 "식당 근무자는 화장실 사용 후 손을 씻어야 된다. 만약 어기면 법 몇조로 벌금을 얼마 내야한다" 라고 쓰여 있습니다.

우선 종업원의 건강에 대해서는 직원을 뽑을 때 확인할 필요가 있어요. 건강진단서를 받으면 좋겠지만 현실적으로는 어렵고 눈으로 살피고 본인에게 확인해야 합니다. 만성적인 지병이 있는 경우는 물론이고, 갑작스러운 전염성 병이라면 당연히 근무를 못하게 해야지요.

그리고 위생을 철저히 지키기 위해서는 식당 차원에서 필요한 조치를 해야 됩니다. 종업원들의 머리는 무엇인가를 써야지요. 머리카락이 음식에 안 들어가고 손은 경우에 따라 장갑을 껴야 하는데 답답하다고 꼭 안 끼는 이도 있어요. 깨끗한 조리복이나 유니폼이야 기본이고, 조리사가 손만 제대로 씻어도 식중독의 90%는 예방할 수 있다고 하니 손 씻는 것이 얼마나 중요하겠습니까.

수저 소독

식당에서는 매일 수저나 컵, 그릇 등을 닦고 있습니다. 또한 물컵의 경우 자외선 살균기를 이용해 소독도 합니다. 하지만 이 사람 저 사람이 쓰는 거니 수저는 자주 끓여서 소독해줘야 합니다.

먹는 물

어느 식당에나 다 있는, 먹는 물 대부분이 수도와 연결한 정수기를 사용하고 있는데 정수기는 관리를 잘못하면 세균의 집합소가 될 수 있으니 자주 점검하세요. 업체의 정기검사와 필터 교체는 당연히 하겠지만 물받이나 기기 주변을 깨끗이 청소하도록 하세요.

식품 위생, 법에 대해 생각하자

theme 18

지금부터는 관공서에서 시행하는 위생 관련 법을 알아보려고 합니다. 음식장사 요령에 대한 내용도 부족한데 위생에 대해 말하니 어떤 분들은 싫어하겠지만 위생 문제로 가게 문을 닫는 경우가 비일비재합니다. 또한 우리 식당에서 만드는 음식은 바로 우리 집에서 가족에게 먹이는 것과 동일하다고 생각해야 하며, 위생은 국민 건강을 위한 것이고 이제는 음식 맛 만큼이나 관심을 가져야 합니다.

사실 '법' 하면 우선 무겁고 피하고 싶다는 것이 솔직한 심정인데 꼭 그렇게 생각할 필요가 없어요. 법이나 규정은 사실 최소한의 규제이고 또 법이란 것은 대다수를 생각하니 가장 합리적인 거잖아요. 또 앞으로 음식과 관련 정부는 위생관리에 대해 점점 강하게 지도할 것으로 보입니다. 선진국들이 그러했고 또 안전한 먹거리에 대한 국민들의 의식 수준도 높아졌으니까요.

실제로 음식점을 운영하다가 영업정지를 받는 경우가 있는데 그 사유 중 대부분이 위생상태 불량입니다. 위생상태가 불량하면 구청에서 나와 2개월 동안 영업정지 처분을 내릴 수 있으니 식당 영업에 큰 타격이 아닐 수 없지요.

그러니 위생 관련 법률을 보면, 제일 상위법으로 1962년 처음 제정된 식품위생법이 있고 그의 시행에 필요한 식품위생법 시행령(대통령령)과 식품위생법 시행규칙(보건복지부령)이 하위법으로 있습니다. 각 법들은 그동안 시대에 맞추어 개정되어 왔고 지금도 개정 중이지요.

또한 식품위생의 행정은 보건복지부, 식품의약품안전처 그리고 각 시·도·군·구의 지방자치단체인데 그 단체의 (식품, 환경)위생과가 주무 부서입니다. 그리고 식품위생 감시는 소비자식품위생감시원, 명예 식품위생 감시원과 자원봉사자들이 위생감시를 합니다.

그 중에서 음식점과 관계가 있는 법령들은 다음과 같습니다.
① 위생교육(기존 영업자)
② 위생교육(신규 사업자)
③ 검사를 받은 축산물만 사용
④ 가격표를 부착
⑤ 영업허가증 게시의무
⑥ 일반 음식점 – 가무행위 금지
⑦ 손님 호객 금지
⑧ 먹는 물 관리
⑨ 건강진단

다음은 보건복지부에서 정한 위생관리 10대 수칙입니다.
① 손 씻기 생활화

② 위생적인 화장실
③ 유통기간 엄수
④ 위생적인 식수
⑤ 식기, 수저, 칼, 도마, 행주 소독
⑥ 음식물 재사용 금지
⑦ 배탈·설사자 근무금지
⑧ 가격표 부착
⑨ 위생관리자 지정, 종업원 위생교육 실시
⑩ 위생적 음식물 제공

식품 유통기간을 알자

유통기간이란?

우리가 수퍼마켓 등에서 아주 흔하게 보는 광경 중에 하나가 식품을 구입하며 겉에 쓰여있는 '날짜'를 확인하는 모습이지요. 모범적인 주부일수록 더 확인합니다.

포장 겉에 쓰여 있는 유통기간. 그것이 그렇게 금과옥조일까요? 특히 생각하면서 사는 여성들의 신앙심에 가까운 '유통기간'.

오늘 그것의 실체를 벗겨 보도록 하겠습니다.

우선 어휘 정리부터 해보죠. 유통기간이 뭘까요? 그건 말 그대로 유통시킬 수 있는 기간입니다. 그걸 우리들은 '식품으로 사용 가능한 기간'으로 잘못 알고들 있지요.

그럼 당연히 유통기간 결정에는 변수가 많겠지요? 운반기간, 운반시의 보관온도 등 이런 것들을 가능한 상황 중에서 나쁜 상황으로 가정해서 정하는 것이 유통기간입니다. 따라서 유통기간은 제조자가 정하는 것이지요. 예를 들면 포장두부 같은 제품은 제조일로부터 7일 정도인데, 자랑스럽게 미국에 진출한 우리나라 모회사의 두부는 현지에서는 유통기간이 1개월입니다. 국내에 비해 기간이 무려 4배입니다. 식품 위생에서 미국은 아주 엄격한 나라인데….

왜 그렇게 차이가 날까요? 그건 비교적 안정된 보관상태에서 운반과 보관이 이루어지기 때문입니다. 이게 바로 유통기간에 대한 핵심이지요.

냉장고

그럼 보관 중인 식품의 수명을 길게 해주는 냉장고의 중요성이 자연히 떠오르지요? 냉장고! 냉장고도 잘 알고 이용해야 됩니다.

첫째, 너무 자주 문 열고 닫지 말고
둘째, 너무 많이 물품을 넣어 냉기의 흐름을 막지 말고
셋째, 포장단위를 신경써서 한다.

대개 좋은 냉장온도는 섭씨 $7°$가 기준인데, 보통 냉장고는 이 정도가 기본입니다. 그런데 빈 상태의 냉장고는 $2°$, 너무 꽉 채우거나 자주 여는 냉장고는 $12°$ 정도 됩니다. 그러니까 같은 냉장고도 $10°$ 정도 변화를 보이는 겁니다. 또한 냉장고에 두면 오히려 쉽게 상해서 상온에서 보관해야 할 것들도 있습니다. 예를 들어 바나나, 호박 같은 겁니다.

유통기간의 의미

다시 유통기간으로 돌아가서 그럼 과연 유통기간은 어느 정도의 의미를 갖고 준수(?)해야 하는 걸까요? 그건 식품마다 변질의 속도가 다르기 때문에 식품에 따라 다릅니다. 예를 들면, 같은 유제품이라도 요

구르트 같은 것은 발효제품이어서 쉽게 상하는 반면, 같은 발효식품이어도 버터나 치즈 같은 것은 상당히 길어요. 변질이 늦게 오는 대표적인 식품은 라면, 면류, 캔 제품, 버터, 치즈 그리고 각종 장류와 소스제품 등입니다. 하지만 대부분의 식품이 포장을 뜯어서 쓰고 나머지를 보관하는 경우가 포장을 뜯지 않았을 때보다 훨씬 빨리 상합니다. 그 이유는 이미 앞에서 설명했지요?

그리고 한 가지 얘기하고 지나갈 것은 방부제입니다. 방부제는 상하는 것을 지연시키는 건데, 산화·산패를 늦춰 주는 거지요. 그런데 식품에 첨가되는 방부제에 대해 인식이 안 좋은 편입니다. 하지만 방부제도 건강에는 전혀 문제가 없을 만큼만 첨가하도록 되어 있고, 근래 대부분 인지도 있는 식품들은 엄격히 지켜지고 있다고 봐야지요. 방부제에 대해 전문가들이나 정부에서 화학적 분석으로 아무리 인체에 무해하다고 해도 막상 먹는 우리들 입장은 찜찜한 것 또한 사실입니다.

그래서 요즈음 한참 등장하는 것이 천연 방부제입니다. 옛날부터 방부 기능을 갖고 있는 것으로 알려진 솔잎, 숯 등을 이용해서 방부코팅을 하는 식인데, 제법 진척이 있어서 머지 않아 슈퍼에서 '이것은 천연방부 처리된 식품'이라는 표시를 자주 접할 수 있는 날도 머지 않은 것 같아요.

특히 한 가지 꼭 집고 넘어가야 할 것이 있습니다. 행정관청에서 우리 식당 행정지도 시에는 <u>유통기간이 중요한 단속 기준</u>이라는 것 알고 계시지요? 정말 중요한 사안입니다. 뉴스에 자주 등장하는 이슈가 "유통기한 넘긴 식품 판매, 업체 적발!, 유통기한 지난 식재료로 음식 만들어 팔다 업주 덜미 잡혀…" 등 행정관청에서 집중적으로 점검하는 사항이 ▲ 유통기한 경과제품 사용 ▲ 식품의 취급 및 보관기준 준수 ▲ 조리 종사자의 위생복·위생모 착용 준수 등 입니다.

온도별 세균번식 추이

다음은 온도에 따른 세균 번식 추이입니다. 일반적으로 100° 이상 끓여야 소독되는 것으로 알고 있지만, 실제로는 65° 이면 대부분 세균이 죽는다는 사실과 영하 10° 면 세균이 발육하지 못한다는 것입니다.

온도에 따른 세균 번식

구분	내용
-10°	거의 발육하지 않음
0°~5°	발육하는 세균도 있음
10°~37°	모든 세균이 활발히 증식
60°	어떤 종류의 세균은 사멸하지 않음
65°	대부분의 세균 사멸

주방 기계화에
신경을 써라

theme 20

음식은 손맛이라고 하는데 그 만큼 예민합니다. 기계를 이용한 것보다 직접 손으로 만든 음식이 훨씬 좋지요. 지금도 만두 전문점에서 그 많은 만두피를 직접 밀어서 만들고, 우동이나 자장면의 면발을 손으로 쳐서 만들어 유명한 집들도 많이 있습니다.

하지만 모든 음식을 직접 손으로 만드는 방식을 고집하고 독특하게 운영할 것이 아니라면 가능한 한 기계화를 해야 합니다. 기계를 이용해 음식을 만든다는 선입견이 들지 모르지만 생각보다 엄청 일손을 덜어줍니다. 일손을 덜어주는 것은 조리사가 좀 더 음식 조리 자체에 신경 쓸 수 있게 해 주며 인건비 절감도 당연히 됩니다. 처음 꺼낸 말이 거창해서 기계화지, 뭐 별것도 아니지요.

그럼 우리 식당에서 어떤 기계들을 사용할까요? 그건 전적으로 식당 주인이나 가게 사정에 따라 다르지만 워낙 다양하게 음식 조리에 편리성을 주는 기계들이 있으니 관심을 갖고 찾아보세요. 예를 들어 고기 써는 기계, 반죽기계, 면 만드는 기계, 파 써는 기계, 각종 재료를 잘게 썰어주는 기계, 저어주는 기계 등이 있습니다. 실제 여러분이 상식으로 알고 있는 것 보다 훨씬 다양한 종류의 기기들이 시중에 판매되고 있으니 이제 눈물 질질 흘리며 마늘이나 양파를 몇 시간 동안 다지는 바보짓은 하지 마세요.

하지만 주방에 필요한 기계들이 작은 거든 큰 거든지 간에 우리 식당에 꼭 필요한 것을 구입해야 합니다. 무작정 사고보자는 식은 곤란하죠. 실제 편리할 것 같아 구입 후 사용하지 않는 경우가 비일비재 합니다. 왜냐고요? 우선 사장 생각으로 구입한 후 주방식구들이 사용하지 않은 경우, 또 그들이 사달라고 조르더니 사용하기 불편하다고 방치하는 경우가 있지요. 그러니 개업 후 장사하는 과정에서 기계를 통해 작업을 하면 보다 효과적일 것을 생각해야죠. 그 다음에 주방장이나 주방보조가 사용할 것이니 그들의 의견을 묻고 작업 편리성이나 조작방법이 단순한 것부터 먼저 구입하세요. 또한 우리 식당의 규모나 사용빈도, 편이성과 가격 등을 고려하여 하나씩 구입하면 됩니다. 사실 기곗값이 인건비보다 훨씬 싼 건 사실이잖아요.

신선한 식재료 어떻게 구입할까

식당마다 구입하는 식재료는 제 각각이고 조건도 다릅니다. 우리는 이미 앞에서 식재료들을 9가지 항목으로 분류해서 나누어 봤잖아요. 기억하세요?

식재료는 구입요령에 따라서 직접 가서 구매하는 방법과 배달받는 방법 두 가지로 크게 나눌 수 있습니다. 또한 주재료, 부재료, 주류 이렇게 재료를 나누어 보면 주류는 다 주류 대리점에서 배달받는 겁니다. 잘 알다시피 주류는 업소용과 일반용이 있고 당연히 우리는 업소용을 써야지요. 그럼, 우선 술 얘기부터 해볼까요?

주류 대리점 선정하기

주류 대리점이란 각 주류 제조업체에서 술을 도매로 받아서 소매업소(식당)에 파는 업체도 쉽게 말해 술 도매상이지요. 주류 대리점은 무지하게 많고 식당을 개업하려고 하면 영업사원들이 찾아도 옵니다.

그런데 주류 대리점은 사실 다 비슷해요. 그래도 사람이 하는 일이니 조금씩 차이도 나겠지요. 특별한 연고가 없는 경우에는 주류 대리점을 몇 군데 조사해서 견적을 받는 방법도 있습니다.

그리고 그들을 만나보면 감도 생깁니다. 주류 대리점마다 차이가 있는데 그들이 말하는 서비스라는 것은 다른게 아니고 주류용 냉장고를 설치해 준다든지 술잔 같은 용품들을 지원해주는 것을 말합니다. 물론 배달을 제 때 해주는 것은 기본이고요.

주재료 구입

주재료는 그 식당의 비중있는 주요 식재료인 만큼 재료 중에서 제일 중요하잖아요? 이건 설명한 대로 사장이 직접 시장을 보는 방법이 있고 공급처에서 배달받는 법이 있습니다.

신문이나 방송에 어떤 유명한 음식점 사장이 나와 "전, 매일 새벽 시장에 나가 제일 신선한 식재료를 저렴하게 구입해서 손님들에게 어쩌구…" 등으로 말하기도 하는데 정말 믿음이 가세요? 유명한 음식점 사장의 고객 사랑과 음식 질에 대한 소신을 알 것 같으세요? 하지만 사실 엄청 힘들다는 사실도 아시죠?

식재료를 구입하는 방법마다 장단점이야 물론 있지요. 상식적으로 아는 장단점에 대해서는 설명을 생략하기로 하고 저의 경험에 의하면, 배달받는 것이 생각보다 비싸거나 품질이 나쁘지 않고, 어떤 경우는 더 싸고 품질도 비교적 균일하게 유지할 수도 있다는 점입니다.

그리고 처음 장사를 시작할 때 너무 의욕에 넘쳐 신선한 재료를 구입하기 위해 매일같이 시장을 자신이 직접 보는 것은 재고(再考)하세요. 무엇보다 힘들고 사장의 잠시 휴식이나 영업준비 시간도 부족해서 더 어렵습니다. 물론 특별한 재료라면 당연히 그렇게 해야겠지만.

공급업체를 선정할 때는 주류업체같이 공산품을 납품받는 것 보다는 훨씬 신중해야 됩니다. 가격과 품질도 검토해야 되지만 배송시간, 신선도 등도 꼭 봐야지요.

그런데 주재료의 공급업체는 가게에서 사용하는 물량이 많으면 두 곳으로 정하는 게 좋습니다. 만약 그럴만한 물량이 안 된다면 후보 납품처를 몇 군데 알고는 있어야 합니다. 어떤 사유든 그 곳에서 재료를 납품받지 못해서 조리를 못해서는 안 되잖아요?

부재료에 대해서는 설명 안 해도 되겠지요? 다만 부재료는 급할 때 응급조치를 할 수 있는 곳은 확보해 놓아야 합니다. 예를 들어 가까운 곳 어디에서 그 재료를 파는지 알고는 있어야 급한 경우에 대처할 수 있잖아요. 하다 못해 재료를 취급하는 슈퍼라도 알고 있어야 합니다.

화장실 관리 깨끗이 하라

theme 22

　　　　　화장실을 깨끗이 유지·관리하는 것은 쉽지 않아요. 특히 지나다니는 행인들까지 사용할 수 있는 화장실이라면 더욱 관리하기 어렵습니다. 오죽하면 화장실만 관리해 주는 회사까지 생겼을까요.

　근래에 우리나라의 화장실에 대한 국민들의 사고 변화가 일어났지요. 그래서 청결을 강조하고 공중화장실에 실명제로 관리자가 있고 고속도로 휴게소의 경우 얼마나 깨끗한가요? 외국인들이 깜짝 놀란다니 화장실은 선진국 수준입니다. 이와 함께 외식업체에서도 화장실에 대해 특히 관심을 가지고 청결 유지에 힘쓰고 있습니다.

　문제는 시설이 낙후된 건물의 화장실과 공용으로 여러 가게들이 함께 사용하는 화장실이 문제입니다. 특히 음식을 취급하는 식당의 화장실은 맛난 음식에 대한 기억만큼이나 화장실에 대한 좋은 이미지를 주어야 합니다.

　화장실은 우리 식당 전용인 경우와 다른 업소와 아니면 일반 통행인들과 함께 쓰는 두 가지로 나눌 수 있지만 공통적으로 적용될 수 있는 몇 가지에 대해 이야기해보겠습니다.

구조적 관리

손님들에게 화장실이 어디 있는지 알려주는 제일 좋은 방법은 특별한 표시가 없어도 구조적으로 자연스럽게 알아볼 수 있게 해주는 것입니다. 만약 화장실 표시를 붙여야 되는 경우 너무 드러나지 않게 너무 크지 않게 붙이고, 가급적이면 남녀가 별도로 구분되는 화장실이 좋으나 어려운 경우 사용 변기만이라도 남녀를 구분해 줘야 합니다.

또한 화장실 칸막이는 우선 튼튼하게 설치해야 됩니다. 간혹 험상스런 인간들도 있거든요. 화장실 내의 모든 자재는 청소, 특히 물 청소를 염두에 두고 설치해야 합니다.

비품관리

기본적으로 화장실에는 거울, 비누, 휴지걸이 그리고 특히 여자 화장실에는 페달식 쓰레기통이 있어야 합니다. 세면기 옆에는 닦을 수 있는 수건이나 종이휴지, 전기 드라이어 중 하나가 있어야 됩니다.

청소를 위한 대걸레 브러쉬, 고무장갑, 소독약 등도 둘 수 있는 공간이 필요합니다. 제일 중요한 휴지는 하나쯤 여유가 있어야 하고 분위기가 좀 있는 식당이라면 읽을거리라든가 세면기 옆에 스킨이나 로션을 두는 것도 좋은데, 분실은 각오해야 하지요. 그 외에 화장실의 조도는 홀에 비해 밝아야 하고 공간만 있다면 그림이나 화분을 놓는 것도 좋아요.

청소

우리나라 사람들 중에는 아직도 무지하게 더럽게 화장실 쓰는 사람이 많고 특히 여자 화장실이라고 별반 다르지 않다는 데서 놀라게 됩니다. 또 담배를 피지 말라고 해도 피우는 사람들 때문에 지저분 합니다. 그리고 담배 연기가 무지하게 나쁘다는 것은 화장실에서도 알 수 있어요. 청소를 자주 하지 않으면 담배연기로 화장실 벽이 노래집니다.

화장실 청소는 세 가지로 구분해야죠.

① 일일청소

영업 준비 시에 일단 전체를 청소하고 빠진 비품 등을 채워 놓고

② 수시 청소

영업시간 중에 간간이 들여다 보면서 청소하고

③ 소독청소

일주일에 한 번 정해서 약품 등을 이용해 구석구석 닦아내고 만약 광고 스티커 등이 붙었다면 떼어 냅니다.

그런데 누가 청소를 할까요? 만약 담당직원을 정하지 않았고 청소할 사람이 없으면 사장이 해야 됩니다. 그래서 사장이 어려운 겁니다. 또는 직원 중에서 돌아가면서 하든 지정해서 한 사람이 하든 해야지요.

안전사고에 대비하라

theme 23

손님의 안전사고

　안전사고라는 것이 조금만 미리 신경 쓰면 막을 수 있는 사고들이잖아요? 여기서 얘기하는 안전사고는 누가 다치는 그런 얘기뿐만 아니라 식당 영업과 관련해 문제가 될 수 있는 넓은 의미의 안전사고입니다.

　우선 안전사고를 손님에 대한 것과 직원들에 대한 두 가지로 나눠보겠습니다. 그럼 손님이 왕이라니까 손님의 안전사고에 관해서 먼저 얘기해 보자구요. 얘기의 첫 시작을 신발에서 해보려고 합니다. 제가 잘 아는 어느 칼국수 전문집은 손님이 많은 날은 하루에 1,000명을 넘기도 하는 식당이니 얼마나 복잡하겠어요?

　그런데 그 국수집 사장이 제일 골치 아파하는 것은 의외로 신발 분실입니다. 쉽게 얘기해서 헌 구두 신고와서 갈 때 남의 새 구두를 신고 가는 겁니다. 새 구두 주인은 나중에 신발이 없어진 것을 알고 12시를 넘긴 신데렐라가 되는 거지요. 어떻게든 수습해서 보내고 나서 영업이 끝나면 남는 것은 찌그러진 헌 구두가 남아있죠. 결국 해결책이 뭐겠어요? 담당 직원을 두고 그 직원이 신발장에 넣었다가 손님이 나오면 신발을 꺼내주는 겁니다.

　이런 식으로 황당한 일들이 손님에게 생기지 않도록 식당 운영 시스템에 대한 성찰이 필요합니다. 이런 것이 안전사고 대비책이죠. 그 외에도 바닥은 미끄럽지 않게 해야 하고 식탁과 의자 등의 모서리는 너무 각지지 않게 하고, 손님자리에서 서빙하는 식당은 뜨거운 국물이 튀지 않도록 주의해야 하고 특히 어린 아이가 있다면 그 아이의 움직임을 주시해야 합니다. 자꾸 미국 얘기해서 뭐한데, 그래도 걔네들(?)이 수직적 사고는 있으니까요. 미국에서는 비가 오거나 식당 바닥을 물걸레질할 때면 꼭 내놓는게 있어요. "바닥이 미끄러우니 조심하라"는 경고 표시입니다.

　그 다음은 손님이 안전사고를 일으키는, 쉽게 얘기하면 자신이 개판쳐서(?) 일으키는 사고에 대한 것입니다. 특히 저녁시간에 술 위주의 식당인 경우 술이 지나쳐서 싸움을 한다든가 소동을 일으키는 경우가 있어요. 하지만 너무 걱정마세요. 동행한 사람끼리 멀쩡히 잘 마시다가 자기들끼리 하는 싸움에서부터 옆 테이블 손님과 시비 붙거나 아니면 종업원들에게 부리는 행패 등이 있는데 신경 쓸 것 없어요.

　대처요령은 딱 두 단계로 구분해서 처리하면 됩니다.

　첫 단계는 일단 말리는 겁니다. 그런데 싸움 정도가 심해 말려서 될 일이 아닌 경우에는 경찰에 바로 신고하는 겁니다. 경찰에 신고하는게 제일 빨라요. 그럼 이 손님 우리 가게에서 떨어지지 않냐고요? 물론 떨어지지요. 그러나 모든 손님을 안고 갈 수는 없지 않나요?

따라서 언제나 지구대, 소방서, 주민센터, 가스회사의 연락처는 파악해야 하고, 전화번호를 쉽게 볼 수 있도록 전화기 옆에 붙여두고 누구나(종업원) 연락할 수 있게 해야합니다. 하지만 손님의 안전사고는 사실 드물고, 안전사고의 대부분은 직원들한테 생깁니다.

종업원의 안전사고

종업원의 안전사고 중 가장 많은 데임과 베임입니다. 주로 주방 종업원들한테서 뜨거운 것에 데이거나 칼에 베이는 사고가 생깁니다. 그 다음이 무섭고 주의해야 할 것이 가스죠. 가스는 가스 공급회사의 지역 사무실에서 정기적으로 하는 가스 점검을 필히 받아야 합니다.

그럼, 직원들의 안전사고에 대한 대책은 어떻게 할까요?

① 안전교육

경험 없는 종업원에게는 우선 칼질하는 교육부터 시켜야 됩니다. 그런데 우리 나라 주방 근무자들의 칼질이 제각각이에요. 요령을 간단히 얘기하면 톱질하듯 칼질을 해야 하는데 도끼질하듯 칼질을 하고 있어요.

② 보호장구

집게, 안전장갑 등

③ 기본 의약품 비치

병원에 갈 정도가 아닌 상처를 위해 일회용 반창고, 소득약 등 몇 가지 약품을 준비해 두세요.

이외에도 작은 안전사고는 도처에 있지만 약간 신경만 쓰면 예방할 수 있는 일입니다. 화재에 관해서는 다음에서 얘기하겠습니다.

소화기를 비치하라

theme 24

　　화재의 무서움에 대해서는 말하지 않아도 아실 것입니다. 화재가 일어나는 경우는 대략 세 가지로 볼 수 있는데 ① 실화, ② 가스, ③ 전기누전 입니다.

　실화와 가스에 대해서는 별도로 하더라도 눈에 보이지 않게 위험한 것이 전기누전입니다. 대부분이 과부하와 선로 노후인데, 이 점을 특히 주의해야 합니다. 화재가 나서 초기 진화는 간단한 ABC소화기가 아주 유용합니다. 가격도 싸지요. 대략 주방에 하나, 홀에 하나 정도 비치하면 되는데 우리 식당 면적이 크다면 늘려야 되겠지요.

　또한 소화기를 갖춰야 되는 이유 아닌 이유는 대부분의 식당에서 몇 년 전에 건물 소방검사 받을 때 설치했던 소화기를 그대로 두고 있습니다. 근데 소화기는 시간이 지나면 속에 가스 등을 다시 채워줘야 그 기능을 합니다. 이 점을 노려서 마치 소방공무원 비슷한 행세를 하며 귀찮게 찾아오는 이들이 있어요. 일명 소화기 영업사원들이죠. 소화기 곁에 날짜 표시가 있으니 이들이 유효기간이 지났으니 새 것으로 바꿔야 한다고 말하죠. 물론 시장에 가서 소화기를 구입할 수 있습니다만, 이런 사람들 때문이라도 제대로 된 소화기 두 개쯤 놓는 것이 좋아요. 기분상으로도 든든합니다. 참! 기본 작동법은 꼭 읽어 보세요. 그리고 직원들에게 소화기 위치와 작동법도 꼭 가르치기 바랍니다.

식당에서 미성년자는?

theme 25

미성년자에 대해서는 두 가지의 의미가 있는데, 하나는 미성년자에게 술을 팔아서는 안 된다는 것이고, 또 하나는 일을 시킬 수 없다는, 즉 아르바이트도 안 된다는 겁니다. 물론 친부모의 동의를 받으면 가능합니다.

우리 식당에서 이것을 지켜야 되는 것은 물론인데, 그럼 과연 "몇 살까지 또 무슨 달까지 미성년자인가?" 라는 질문에는 좀 자신이 없어요. 이것을 규정하고 있는 청소년보호법에 따르면 '청소년은 만 19세 미만인 사람. 다만 만 19세가 되는 해의 1월 1일을 맞이하는 사람은 제외' 입니다.

좀 어렵지요?

다시 말해 '만 19세 미만이라도 당해 연도 중에 만 19세가 되는 사람은 청소년에서 제외' 되는 겁니다(청소년보호법 위반시 3년 이하 2,000만 원 이하 벌금).

음식물 쓰레기와 분리수거

theme 26

 NEWS

- 우리나라 음식물 쓰레기 1년 배출량 471만 톤 발생 (2013년 기준)
- 전체 소비되는 음식물의 1/7, 전체 쓰레기 배출량의 30% 수준

이것이 간단한 숫자로 본 우리 나라의 음식물 쓰레기의 현황입니다. 대단하지요? 그러면 식당을 운영하는 우리는 어떻게 해야 할까요?

음식물 쓰레기 발생량을 줄여야

우리나라의 식문화는 한 번에 다 차려내는 스타일이고 또 같은 동양권에서도 저의 생각으로는 쓰레기 양이 일본 1이면, 한국 2, 중국은 3 정도 되겠지요. 무슨 일이든 원인 제거가 최상책이니 발생량을 줄여야 합니다. 참고로 보건복지부에서 제시한 방안을 적어 보겠습니다.

① 영업 능력, 식품보관 능력에 따라 계획적으로 식품 구입
② 선입 선출로 식품 사용
③ 메뉴판의 세분화

④ 음식량의 구분
⑤ 손님이 간을 스스로 맞추도록 양념통 비치
⑥ 적정량의 음식 제공
⑦ 장식은 간단하게
⑧ 남은 음식 싸주기
⑨ 남는 음식 재활용 강구(후드뱅크 등)

환경보호

그리고 이 대목에서 꼭 짚고 넘어갈 것이 환경보호입니다. 식당에서 꼭 환경보호를 위해 지켜야 될 것은
① 음식물은 꼭 음식물 쓰레기통에 버릴 것
② 국물이나 특히 기름기는 가급적 하수구에 버리지 말고 음식물 쓰레기통에 버릴 것(한 방울의 기름을 정화하는데, 1드럼의 물이 필요하죠)
③ 음식물 쓰레기는 동물의 사료로 재활용하니 비닐, 유리조각, 특히 이쑤시개 등은 절대 같이 넣지 말 것
④ 분리수거를 잘할 것

음식물 쓰레기 그리고 분리수거

지역에 따라 차이가 있지만 200㎡ 규모 이하의 식당은 구청에서 지정 한 고유 음식물 쓰레기통이 있고 그 통의 쓰레기를 구청과 계약된 전문업체에서 치워갑니다. 그리고는 한 달에 한 번 지로용지가 나오는데 금액은 그리 부담스럽지는 않아요. 문제는 식당 내에 있는 자체 음식물 쓰레기통인데 통이 너무 크면 음식물이 상합니다. 또 혼자서 들

기에도 무거워요. 즉, 세균이 번식하기 때문에 자주 비우기 위하여 크지 않은 사이즈로 하고 꼭 손잡이와 뚜껑이 있는 통으로 하세요. 금속은 부식의 염려가 있으니 고분자 플라스틱 계통의 제품이 좋아요.

일반 쓰레기

음식점에서 일반 쓰레기도 생각보다 상당히 나와요. 규격 쓰레기 봉투는 물론 써야지요.

쓰레기별 배출방법

① 일반 생활쓰레기 – 종량제 봉투 ⇒ 지역 청소업체
② 재활용품 – 음식물 쓰레기 ⇒ 지정 청소업체
③ 음식물 쓰레기 – 음식물 쓰레기 수집통 ⇒ 지정 청소업체 ⇒ 처리농장

사장의 건강관리

theme 27

"**살만** 하니까 병든다"

식당하는 사람들한테는 이런 얘기가 많아요. 그만큼 정신적, 육체적으로 힘든 것이 음식점 운영입니다. 전문가들은 육체적 피로는 정신 휴식으로, 정신적 피로는 육체 휴식으로 푸는 것이 좋다고 하니 우리 식당하는 사람들은 정신적, 육체적 두 가지 다 풀어야 하겠지요.

식당 내에서의 휴식

우선 가장 많은 시간을 보내는 식당에서의 휴식을 생각해 보면 아무리 바쁜 식당이어도 한가한 시간은 있는 법입니다. 이 한가한 시간을 적절히 활용해야 합니다. 육체적 피곤이 크다면 이때 잠깐 눈을 붙이는 것도 상당히 피로 회복에 좋아요. 잠깐이라는 것은 10분 정도이고, 너무 길면 일 하는 데 오히려 지장이 되죠.

그러나 강조하고 싶은 것은 자기만의 정신적인 휴식이 중요합니다. 몇 가지 예를 들면 하다 못해 텔레비전을 시청하든 아니면 품격있게 서예나 그림을 그리든 책을 읽든 음악을 듣든 자기가 좋아하고 맞는 방법으로 자기 시간을 만들어 보세요. 그러나 여럿이서 하고 연속성이 있는 화투, 포커, 바둑은 안 돼요. 특히 실내 생활이 많으니 그 시간에 근처에 가벼운 산책을 해도 좋아요.

운동과 노동

규칙적인 운동이 필요합니다. 식당에서 일하는 것만으로도 운동량이 충분하다고요? 모르는 소리. 돈 벌면서 하는 운동은 운동이 아니고 노동입니다. 노동은 운동일 수가 없어요. 잘 기억해 두세요.

요즈음은 어지간한 데는 근처에 헬스장이 있고 한 달에 금액도 그리 부담스럽지 않아요. 다르게 운동할 게 없다면 바로 등록하세요. 그리고 이 시간만은 식당 일도 다 잊고 오직 자신을 위한 시간을 가지세요. 그래야 건강하게 견딜 수 있고 사업을 잘 할 수 있어요. 식당 장사가 한두 달만에 끝장 보는 사업이 아니고 롱런해야 하는 것이니 명심하세요. 또한 정기 휴일이 있거나 별도로 쉬는 날에는 등산같이 야외에 바람쐬는 여가를 즐기세요.

장사가 안 될 때

theme 28

"먹는 장사로 성공한다는 것이 생각보다 상당히 어렵다고 이미 설명했지만 너무나 많은 사람들이 실패합니다. 직접 이런 사업을 경험해 보지 않고서는 이 상황을 제대로 이해하는데 무리가 있습니다. 결국 소점포 창업을 꿈꾸지만 성공보다 실패하는 경우가 훨씬 많다는 사실은 언론이나 책자 등을 통해서도 알 수 있습니다.

요식업뿐만 아니라 모든 일에서도 그렇지만 일이 잘 안될 때 '조금 더 열심히 하고 조금 더 견뎌보면 나아지겠지' 하는 오류에 빠져서 어려움이 더욱 커지는 경우가 많아요. 저는 실패의 아픔을 적게 하는 것도 매우 중요하다고 생각합니다. 일종의 리스크(risk) 관리라고 할까요?

장사가 안 된다는 판단은?

강한 고정비 즉, 임차료, 관리비, 인건비를 제대로 주기 힘든 상황이 3개월 이상 계속될 때, 이건 장사가 틀린 겁니다. 그만두어야 되지요.

큰 미련이 남는 경우

뭔가 조금만 하면 꼭 될 것 같은 믿음이 있는 경우, 위치도 좋고 상권도 정말 괜찮다고 생각될 때, 이때는 메뉴를 바꿔 보세요. 메뉴를 바꿀 때 상호는 물론 간판과 실내 분위기도 확 바꿔야 됩니다. 즉, 신장 개업하는 겁니다. 그러나 그 자리에 재단장해서 성공하기는 쉽지만은 않아요. 버리지 않으면 얻지 못한다나요?

식당을 처분하는 경우

그러면 결국 식당을 처분해야 되는데 이때는,
'은밀하고 조용하게' – 이게 식당을 처분하는 기본입니다.

이렇게 하려면 두 가지 방법이 있는데, 우선 앞에서 설명한 기업형 중개업소 중에서 한 곳을 선정합니다. 대형 부동산업소는 전부 제 각각 움직이니까 식당을 전문으로 중개하는 실력있는 중개인 한 명한테만 내놓는 겁니다. 소문없이 처리하라고 해서…. 그때 물론 당근도 줘야지요. 당근이라는 것은 복비(소개비)를 많이 준다는 건데, 그건 가게의 상황에 따라 달라집니다.

그런데 장사가 잘 안될 경우 매달 손실이 쌓이면 금방 커진다는 것을 잊어서는 안 됩니다. 따라서 당근은 자신의 생각보다 크게 해야 됩니다. 물론 내놓는 금액 중에 권리금도 양보해야 하는 경우도 있지요. 어떻게든 본전은 건져 보려는 데서 금전적으로 더 손해보고 그 동안 장사 안돼서 받은 스트레스까지 말로 못할 정도로 힘들 수가 있어요.

또한 사장 자신이 생각하는 것보다 쉽게 가게가 나가지 않아요. 오래 걸릴 수 있어요. 장사목이 좋으니 쉽게 나갈 것 같아도 안 그래요.

그러니 이에 대한 대비도 해야 됩니다. 또 한가지는 가게를 내놨다는 소문은 참 빠르게 퍼집니다.

만약 가게가 처분되면 그 다음에 무엇을 할 것인가에 대해서는 개인별 상황에 따라 지속적인 스터디를 해야겠지요. 다만 식당이 너무 힘들어서 무조건 푹 쉬고 싶다는 생각이 들어도 푹 쉬는 건 한 달이면 충분합니다. 너무 쉬어도 아프지요. 다시 재출발을 위해 시작해야죠.

다른 요인들

큰돈은 못 벌어도 어지간히 장사가 잘 되더라도 외부의 조건으로 그만 두어야 하는 경우들도 있습니다.

① 건물 소유주가 바뀌면서 문제가 있는 경우
② 가까이에 상대할 수 없는 강적이 생길 때
③ 식당의 기본 체제가 무너질 때(체인본사 부도)
④ 건물 주인이 재계약 해주지 않고 나가라고 할 때

이런 경우는 다른 방법이 없지요. 다만 안테나를 높여서 정보력을 높이는 수밖에는…. 요즈음은 정보시대니까요.

여보게
지금 음식장사
하려나